essentials

Essentials liefern aktuelles Wissen in konzentrierter Form. Die Essenz dessen, worauf es als „State-of-the-Art" in der gegenwärtigen Fachdiskussion oder in der Praxis ankommt. *Essentials* informieren schnell, unkompliziert und verständlich

- als Einführung in ein aktuelles Thema aus Ihrem Fachgebiet
- als Einstieg in ein für Sie noch unbekanntes Themenfeld
- als Einblick, um zum Thema mitreden zu können

Die Bücher in elektronischer und gedruckter Form bringen das Fachwissen von Springerautor*innen kompakt zur Darstellung. Sie sind besonders für die Nutzung als eBook auf Tablet-PCs, eBook-Readern und Smartphones geeignet. *Essentials* sind Wissensbausteine aus den Wirtschafts-, Sozial- und Geisteswissenschaften, aus Technik und Naturwissenschaften sowie aus Medizin, Psychologie und Gesundheitsberufen. Von renommierten Autor*innen aller Springer-Verlagsmarken.

Gabriele Horcher

Barrierefrei kommunizieren für Unternehmen

Wie Sie die Anforderungen des Barrierefreiheitsstärkungsgesetzes effizient umsetzen

 Springer Gabler

Gabriele Horcher
Offenbach am Main, Deutschland

ISSN 2197-6708   ISSN 2197-6716 (electronic)
essentials
ISBN 978-3-658-44229-3   ISBN 978-3-658-44230-9 (eBook)
https://doi.org/10.1007/978-3-658-44230-9

Die Deutsche Nationalbibliothek verzeichnet diese Publikation in der Deutschen Nationalbibliografie; detaillierte bibliografische Daten sind im Internet über http://dnb.d-nb.de abrufbar.

Planung/Lektorat: Maximilian David
Springer Gabler ist ein Imprint der eingetragenen Gesellschaft Springer Fachmedien Wiesbaden GmbH und ist ein Teil von Springer Nature.
Die Anschrift der Gesellschaft ist: Abraham-Lincoln-Str. 46, 65189 Wiesbaden, Germany

Das Papier dieses Produkts ist recycelbar.

Was Sie in diesem *essential* finden können

- Checklisten, über die Sie schnell und einfach herausfinden können, ob und wie Sie selbst – oder wie Ihre Kunden – vom neuen Barrierefreiheitsstärkungsgesetz betroffen sind.
- Roadmaps für betroffene Produkt-Hersteller sowie deren Importeure, Distributoren und Reseller; Anbieter von Dienstleistungen und deren Vertragspartner; Leistungserbringer.
- Strategien und Szenarien, wie Sie das BFSG sinnvoll umsetzen und für sich nutzen können.
- Spezifische Schritte für das Business Development von Beratern, Content-Dienstleistern, Website- und Digital-Agenturen, Developern und IT-Dienstleistern sowie Service Providern.
- Übersicht von (KI-)Technologien, die Ihnen helfen, digitale Barrierefreiheit für seh-, hör-, motorisch und kognitiv beeinträchtigte Menschen herzustellen.

Grußwort

Liebe Leserinnen und Leser,

die uneingeschränkte Verfügbarkeit und Zugänglichkeit zur Informationstechnik (IT) muss für ALLE, behinderte oder nicht behinderte sowie junge und alte Menschen, Techniklaien, aber auch bei situativen oder temporären Beeinträchtigungen uneingeschränkt gewährleistet werden.

Die Richtlinie (EU) 2016/2102 verpflichtet seit dem 23. September 2018 alle öffentlichen Stellen in den Ländern und auf Bundesebene, ihre Webangebote, Dokumente und Mobilen Anwendungen barrierefrei zu gestalten. Ab dem 28. Juni 2025 tritt das Barrierefreiheitsstärkungsgesetz (BFSG) in Kraft. Damit ist erstmalig auch die Privatwirtschaft gesetzlich verpflichtet, ihre aufgeführten Produkte und Dienstleistungen auf dem freien Markt barrierefrei anzubieten. Somit werden die Rechte von Verbraucherinnen und Verbrauchern weiter gestärkt.

Ich freue mich sehr, dass es Vordenkerinnen und Vordenker wie die Kommunikationswissenschaftlerin Gabriele Horcher gibt, die sich frühzeitig mit den Barrierefreiheitsanforderungen und den Chancen für private Wirtschaftsakteure beschäftigen.

Die Barrierefreiheit in der digitalen Welt von heute ist eine Voraussetzung und zugleich ein Beschleuniger für einen modernen Staat mit einer partizipativen Gesellschaft.

Je früher Sie sich mit der digitalen Teilhabe von beeinträchtigten Personen beschäftigen, desto mehr wird auch Ihre Organisation davon profitieren.

Ich wünsche Ihnen viele neue Einsichten!

Prof. Dr. Erdmuthe Meyer zu Bexten
Landesbeauftragte für barrierefreie IT Hessen
Leiterin LBIT – Landeskompetenzzentrum für barrierefreie IT
Leiterin der Durchsetzungs- und Überwachungsstelle

Vorwort

Liebe Leser und Leserinnen,

die neuen Compliance-Anforderungen des Barrierefreiheitsstärkungsgesetzes werden Sie vielleicht nicht sofort begeistern. Das ist verständlich, denn Sie sind heute bereits mit sehr vielen Herausforderungen konfrontiert, die alle Ihre Aufmerksamkeit benötigen.

Als Kommunikationswissenschaftlerin beobachte ich seit über 40 Jahren die Veränderungen von Kommunikation durch Technologien, Infrastrukturen, Kanäle, Disziplinen und Strategien. Deshalb stehe ich der Forderung nach mehr digitaler Barrierefreiheit sehr positiv gegenüber. Digitale Barrierefreiheit ist meiner Meinung nach ein weiterer konsequenter Schritt für eine noch bessere Kommunikation mit unseren Zielgruppen. Denn je mehr unterschiedliche Formate (Text, Bild, Audio, Video) und Inhalte Sie nutzen, um Ihre Botschaften zu verbreiten, desto mehr Personen werden Sie tatsächlich erreichen.

Die Barrierefreiheitsanforderungen – die momentan für die Nutzung von Produkten und Dienstleistungen sowie in der Kommunikation mit Verbrauchern gestellt werden – werden meiner Erfahrung nach sogar einen Trend auslösen. Denn besonders auch im beruflichen Umfeld, zum Beispiel durch die Veränderungen des Arbeitsumfelds durch New Work, können sehr viele davon profitieren.

Für mich persönlich ist die digitale Teilhabe darüber hinaus ein Herzensthema. Ich habe selbst – krankheitsbedingt – im Laufe meines Lebens eine körperliche Behinderung erworben. Wenn ich mir vorstelle, dass ich nicht mehr in der Lage wäre, das Internet als Plattform für die Kommunikation, für Bankgeschäfte, für das Entertainment oder zum Einkaufen zu verwenden, so wäre das schlicht gesagt grausam.

Die Frage, ob Sie als Organisation rein rechtlich unter das BFSG fallen, sollte für Sie also gar nicht allein entscheidend sein. Sondern, ob Sie die wichtige Zielgruppe der Menschen mit einer dauerhaften, temporären oder auch nur situationsbedingten Beeinträchtigung als Kunden, Mitarbeiter, Partner oder auch Investoren weiter ausschließen wollen. Sie können mit Ihren bestehenden Mitteln – unterstützt von Künstlicher Intelligenz – Menschen mit Behinderungen durch Barrierefreiheit nicht nur ein selbstbestimmteres Leben ermöglichen. Sie können gleichzeitig Ihre Wettbewerbsfähigkeit durch eine verbesserte User Experience stärken und zusätzliche Kunden gewinnen.

Ich wünsche Ihnen gute strategische Entscheidungen und viel Spaß beim Lesen!

Gabriele Horcher
Kommunikationswissenschaftlerin

Einführung

Mit dem Europäischen Rechtsakt zur Barrierefreiheit (engl. European Accessibility Act, EAA[1]) – der EU-Richtlinie über digitale Barrierefreiheit und Zugänglichkeit – kommt für Organisationen in ganz Europa eine weitere Compliance-Richtlinie hinzu.

Es sind Produkte und Dienstleistungen betroffen, die für Menschen mit Behinderungen als besonders wichtig eingestuft werden. Daraus abgeleitet betrifft es aber auch Unternehmen, Verbände und sogar Vereine, die Apps, Onlineshops, Dokumente sowie Websites nutzen, die typischerweise für die Anbahnung und den Abschluss von Verträgen mit Verbrauchern über das Internet genutzt werden.

Der EAA wird in Deutschland als Barrierefreiheitsstärkungsgesetz[2] (BFSG) und in Österreich als Barrierefreiheitsgesetz[3] umgesetzt.

Im Kap. 1 finden Sie Informationen darüber, was das Barrierefreiheitsstärkungsgesetz umfasst und welche Barrierefreiheitsanforderungen gestellt werden. Sie erfahren auch, welche Sanktionen drohen und welche Stellen Sie prinzipiell unterstützen können. Anhand von Checklisten können Sie überprüfen, welche Organisationen in welcher Weise betroffen sind und welche digitalen Barrierefreiheits-Strategien (Roadmaps) Sie nutzen können.

---

[1] https://ec.europa.eu/social/main.jsp?catId=1202

[2] https://www.bmas.de/DE/Service/Gesetze-und-Gesetzesvorhaben/barrierefreiheitsstaerkungsgesetz.html

[3] https://www.behindertenrat.at/2023/06/barrierefreiheitsgesetz/

Im Kap. 2 erfahren Sie, welche Chancen Ihnen das Barrierefreiheitsstärkungsgesetz bietet. Wie Barrierefreiheit die Wettbewerbsfähigkeit von Organisationen in Europa stärkt. Warum digitale Barrierefreiheit ein universeller
Kommunikations-Trend werden könnte. Und wie externe Dienstleister Unternehmen bei der Umsetzung am besten unterstützen können.

Das Kap. 3 gibt einen Überblick über (KI-)Technologien zur Umsetzung
der Richtlinien für Seh- und Hörbeeinträchtige sowie motorisch und kognitiv
Eingeschränkte.

Betroffenheits-Szenarien

Zunächst einmal müssen Sie das neue Gesetz und die daraus resultierenden spezifischen Anforderungen für Ihre Organisation verstehen – was für Nicht-Juristen
durchaus eine Herausforderung sein kann. Denn es ist für Sie entscheidend, ob Sie
vom BFSG:

- **nicht betroffen sind,** weil Sie sich mit Ihren Angeboten weder direkt noch
  indirekt an Verbraucher wenden
- **befreit sind,** weil Sie zum Beispiel zu den Kleinstunternehmen zählen
- **befreit werden,** weil Sie eine der Ausnahmeregelungen für sich in Anspruch
  nehmen
- **einfach betroffen sind,** weil Sie unter eine Anforderung fallen
- **mehrfach betroffen sind,** weil gleich mehrere Kriterien bei Ihnen greifen

Jedes Szenario erfordert eine andere Aktion von Ihnen. Beispiele zu möglichen
Szenarien und Strategien finden Sie im Abschn. 1.11.1.

Grundpfeiler der Barrierefreiheits-Strategie

Nachdem Sie abschätzen können, in welcher Weise Sie vom BFSG betroffen
sind, entwickeln Sie – allein oder mit Ihrer BFSG-Task Force – passend zu Ihrer
Unternehmung eine Barrierefreiheits-Strategie. Sie entscheiden zunächst über die
grundlegenden Pfeiler:

- Ob Sie das Ziel verfolgen, die Mindest-Barrierefreiheitsanforderungen zu
  erfüllen, oder ob Sie das Ziel verfolgen, neue Kunden zu gewinnen.
- Ob und wie Sie die Barrierefreiheitsanforderungen in Ihre Unternehmens-DNA,
  Ihren Purpose, Ihr Selbstverständnis, Ihr Corporate Design aufnehmen.
- Ob und wie Sie intern oder extern zu Ihrer Haltung kommunizieren wollen.
- Ob und welche Anforderungen Sie entweder mit dem geringstmöglichen
  Aufwand realisieren oder mit der höchstmöglichen Qualität umsetzen.

- Ob Sie zu den Early Birds gehören, die rechtzeitig – möglichst noch vor dem Stichtag – die Anforderungen umsetzen, oder ob Sie es zur Not darauf anlegen wollen, verklagt zu werden.
- Ob Sie die Umsetzung mit internen Ressourcen bewältigen oder ob Sie externe Berater, Dienstleister und Service-Anbieter hinzuziehen.

Inhaltsverzeichnis

Über die Autorin

Gabriele Horcher Kommunikationswissenschaftlerin und -strategin, ist eine Vorreiterin für zukunftsorientierte Kommunikation. Als Keynote-Speakerin, Bestseller-Co-Autorin („Das Espresso-Prinzip") und Transformational Coach fungiert sie als Wegbereiterin für den rasanten Wandel in der Kommunikationslandschaft. Seit über 40 Jahren beobachtet sie diese Entwicklung und unterrichtet seit zwei Jahrzehnten an Fachhochschulen. Als ehemalige Geschäftsführerin von Möller Horcher Kommunikation wurde sie für ihre Pionierarbeit im Business Development und Vertrieb vielfach ausgezeichnet.

Die Herausforderungen

1.1   Das Barrierefreiheitsstärkungsgesetz

Das BFSG

Am 22. Juli 2021 wurde das Gesetz zur Umsetzung der Richtlinie (EU) 2019/882 des Europäischen Parlaments und des Rates (also das Gesetz zur Umsetzung des European Accessibility Act – EAA) über die Barrierefreiheitsanforderungen für Produkte und Dienstleistungen im Bundesgesetzblatt veröffentlicht: das Barrierefreiheitsstärkungsgesetz. Die konkreten Anforderungen an die Barrierefreiheit für Produkte und Dienstleistungen gemäß BFSG sind im Rahmen einer Rechtsverordnung geregelt worden, die das Bundesministerium für Arbeit und Soziales im Einvernehmen mit dem Bundesministerium der Finanzen, dem Bundesministerium für Gesundheit, dem Bundesministerium für Wirtschaft und Energie sowie dem Bundesministerium für Verkehr und digitale Infrastruktur erarbeitet hat. Diese Rechtsverordnung wurde am 22. Juni 2022 im Bundesgesetzblatt veröffentlicht. Sie definiert Barrierefreiheitsanforderungen für Produkte und Dienstleistungen, die nach dem 28. Juni 2025 in den Verkehr gebracht oder für Verbraucherinnen und Verbraucher erbracht werden. Als Hilfestellung für Unternehmen hat das Bundesministerium für Arbeit und Soziales zudem Leitlinien zum BFSG erstellt. Diese leichter verständlichen Leitlinien zum Gesetz finden Sie hier: https://www.bundesfachstelle-barrierefreiheit.de/SharedDocs/Kurzmeldungen/DE/leitlinien-und-rechtsverordnung-zum-bfsg.html.

Das Barrierefreiheitsstärkungsgesetz verpflichtet erstmals auch private Wirtschaftsakteure zu mehr digitaler Barrierefreiheit – bisher standen nur öffentliche Einrichtungen im Fokus des Gesetzgebers. Produkte und Dienstleistungen, die digital genutzt werden, müssen ab dem 29. Juni 2025 barrierefrei(er) sein.

- Zu diesen Produkten gehören zum Beispiel Fahrkarten- oder Geldautomaten. Es zählen aber auch Produkte wie beispielsweise Computer oder Smartphones dazu, die man benötigt, um ins Internet zu kommen. Abschn. 1.4

© Der/die Autor(en), exklusiv lizenziert an Springer Fachmedien Wiesbaden GmbH, ein Teil von Springer Nature 2024
G. Horcher, *Barrierefrei kommunizieren für Unternehmen*, essentials,
https://doi.org/10.1007/978-3-658-44230-9_1

- Ebenso betrifft das BFSG Telekommunikations- und Bankdienstleistungen, die zum Beispiel von Verbrauchern benötigt werden, um am Selbstbedienungsterminal zu bezahlen oder im Internet Verträge abzuschließen. Abschn. 1.6

Doch nicht nur Hersteller, Importeure, Distributoren und Händler Abschn. 1.5 der Produkte oder Anbieter und Vertragspartner Abschn. 1.7 der Dienstleistungen sind betroffen: Alle Unternehmen, Verbände und sogar Vereine müssen – unter Umständen – bis zum 28. Juni 2025 Apps, Onlineshops, Dokumente sowie Websites barrierefrei gestalten. Denn viele nutzen bei der digitalen Kommunikation mit Verbrauchern Dienstleistungen der Telemedien, Bankdienstleistungen oder Leistungen des elektronischen Geschäftsverkehrs (E-Commerce). Damit werden sie – dem BFSG nach – zu sogenannten Leistungserbringern. Abschn. 1.8.

▶ **Gesetz zur Stärkung von Verbrauchern und Verbraucherinnen**
Wenn sich Ihre Produkte und Dienstleistungen, Onlineshops, Websites, Apps, E-Books und Dokumente weder direkt noch indirekt an Verbraucher wenden, dann können Sie sich jetzt entspannen. Denn das Gesetz wurde zur Stärkung von Verbrauchern erlassen.

Lesen Sie aber bitte trotzdem weiter, um ein Verständnis für das Thema digitale Barrierefreiheit zu entwickeln. Nur weil Sie nicht dazu gezwungen sind, bedeutet es nicht, dass Sie im Business-to-Business-Bereich und speziell bei (potenziellen) Mitarbeitern durch digitale Barrierefreiheit nicht auch Wettbewerbsvorteile erzielen können. Menschen mit Beeinträchtigungen benötigen auch bei ihrer Berufsausübung mehr digitale Barrierefreiheit!

1.2   Überblick Sanktionen

Die Marktüberwachungsbehörden der Länder wachen darüber, dass alle europäischen Wirtschaftsakteure, die unter die Bestimmungen des BFSG fallen, die Barrierefreiheitsanforderungen einhalten. Darüber hinaus überwachen sie, dass keine Produkte und Dienstleistungen in Europa zum Einsatz kommen, die nicht den Anforderungen entsprechen. Das klingt nach einer Mammutaufgabe, bei der man sich als Wirtschafsakteur zu Recht fragen kann, ob man jemals sanktioniert wird. Da allerdings auch Verbraucher und Verbraucherinnen – vielleicht sogar angeregt durch einen Marktbegleiter – sowie Verbraucherverbände die Marktüberwachungsbehörde dazu auffordern können, Maßnahmen gegen jeden Wirtschaftsakteur zu ergreifen, der die Barrierefreiheitsanforderungen nicht einhält, kann jeder jederzeit überprüft, ermahnt und sanktioniert werden. Kommt ein Wirtschaftsakteur den Barrierefreiheitsanforderungen nicht nach, hat die Marktüberwachungsbehörde verschiedene Druckmittel zur Auswahl. Sie kann die Bereitstellung des Produkts, der Dienstleistung, der App, des Online-shops oder der Website auf dem deutschen Markt entweder einschränken oder untersagen. Die Behörde kann dafür sorgen, dass das Produkt zurückgenommen oder zurückgerufen wird. Darüber hinaus kann sie dem Wirtschaftsakteur, der ordnungswidrig, vorsätzlich oder fahrlässig handelt, Bußgelder von 10.000 bis zu 100.000 € auferlegen.[1]

1.3 Beratungsstelle

Prinzipiell berät die Bundesfachstelle für Barrierefreiheit Kleinstunternehmen sogar kostenfrei, um diesen die Anwendung des Barrierefreiheitsstärkungsgeset-zes zu erleichtern. Allerdings wird die Bundesfachstelle personell erst ab Anfang 2025 vom Gesetzgeber dafür ausgestattet, Anfragen zeitnah zu bearbeiten. Bis dahin muss man mit circa vier Wochen Reaktionszeit rechnen.

Auf der Website der Bundesfachstelle und zukünftig auch auf einigen Web-Auftritten der Marktüberwachungsbehörden der Länder gibt es zusätzlich Infor-mationen. Noch gibt es leider keine komplette Liste der Marktüberwachungs-behörden der Länder. Diese wird bei der Bundesfachstelle für Barrierefreiheit veröffentlicht.

Für größere Unternehmen ist es darüber hinaus ratsam, dem BFSG-Planungs- und -Umsetzungs-Team einen Compliance-Beauftragten oder Anwalt zur Seite zu stellen.

> **Disclaimer: Keine Rechtsberatung**
> Die folgenden Informationen, Checklisten, Roadmaps und Szena-rien (Stand Januar 2024) stellen eine Orientierungshilfe dar. Sie sind keine Rechtsberatung.
> Barrierefreiheitsanforderungen werden in den kommenden Jahren angepasst und erweitert werden.

---

[1] https://www.buzer.de/37_BFSG.htm

1.4   Checkliste: Produkt-Hersteller

Hersteller von Produkten müssen sich besonders intensiv mit den spezifischen Anforderungen der Barrierefreiheit auseinandersetzen. Denn sie müssen nicht nur das Produkt – bestehend aus Hardware, Betriebssystemsoftware und eventuell Anwendungssoftware – anpassen. Ebenso sind die Verpackung und die Bedienungsanleitung barrierefrei zu gestalten.

1.4.1   Produkte, die vom BFSG erfasst werden

- Computer, Notebooks, Tablets, Smartphones, Mobiltelefone
- Fernsehgeräte mit Internetzugang
- E-Book-Lesegeräte
- Router
- Geldautomaten, Fahrausweis- und Check-in-Automaten

Diese Aufzählung ist abschließend. Das heißt, wenn Sie dort Ihr Produkt nicht finden, dann müssen Sie die Anforderungen des BFSG nicht beachten.

1.4.2   Übergangsfristen

Selbstbedienungsterminals wie zum Beispiel Geldautomaten, die vor dem Stichtag 28. Juni 2025 in Betrieb genommen wurden, müssen spätestens ab 2040 barrierefrei sein.

> **Keine Ausnahmeregelung für Produkthersteller** Sollten Sie im Zusammenhang mit dem BFSG schon einmal etwas über die Kleinstunternehmen-Regelung gelesen haben, muss hier betont werden, dass diese Regel nicht für Produkthersteller gilt. Und damit greift sie auch nicht für Importeure, Distributoren oder Fachhändler dieser Produkte.

1.4.3   Sanktionen für Produkthersteller

Alle Produkte, die nach dem Stichtag 28. Juni 2025 hergestellt sind, müssen den Barrierefreiheits-Anforderungen entsprechen – ansonsten dürfen sie nirgendwo in der EU verkauft werden. Passiert dies doch, können unterschiedlichste Gruppen dagegen vorgehen: Auch Verbraucher und Verbraucherverbände können solche Fälle bei den Marktüberwachungsbehörden melden. Neben einem Verkaufsverbot drohen dann auch noch Bußgelder bis zu 100.000 €.

1.4.4   Roadmap für Produkthersteller

Wenn Sie als Produkthersteller eines der vom BFSG erfassten Produkte weiterhin in der EU verkaufen wollen, haben Sie vermutlich bereits eine BFSG-Task-Force eingerichtet. Denn für Hersteller werden strategische Entscheidungen, wie sie in den Grundpfeilern der Barrierefreiheits-Strategie in der Einführung beschrieben werden, und die rechtzeitige technische Umsetzung entscheidend sein.

- Überprüfen Sie Ihr Produktportfolio, ob oder inwieweit Ihre Produkte bereits den europäischen Barrierefreiheitsanforderungen entsprechen – was geht, was fehlt.
- Eruieren Sie, über welche spezifischen Design-, Hard- oder Softwareanpassungen oder Kombinationen sich Barrierefreiheit für Ihre Produkte am sinnvollsten herstellen lässt.
- Wenn nicht alle Produktlinien gleichzeitig umgestellt werden können, setzen Sie Prioritäten. Sie wissen, welche Produkte in welchen Märkten am besten verkauft werden.
- Beobachten Sie Ihre Marktbegleiter.
- Segmentieren Sie Ihre Vertriebspartner (Importeure, Distributoren und Fachhändler). Lassen Sie sich von Ihren Vertriebspartnern bestätigen, dass sie ebenfalls eine Task Force BFSG oder zumindest einen Ansprechpartner haben, der sich mit den Anforderungen auskennt.
- Halten Sie Ihre Partner über Ihre Planungen und Fortschritte auf dem Laufenden.
- Informieren Sie proaktiv Ihre zuständigen Marktüberwachungsbehörden, sollte es zu Herausforderungen kommen.

▶ **Bestseller-Produkte vorproduzieren** Für Produkthersteller zum Beispiel von Smartphones, die nicht zu 100 % sicher sind, dass ihre
Produkte vom Stichtag an BFSG-konform produziert werden können, kann es durchaus eine Überlegung sein, die Produktion ihrer
Bestseller-Produkte vor dem 28. Juni 2025 hochzufahren. Damit stellen sie sicher, dass Importeure, Distributoren und Fachhändler für eine
bestimmte Phase mit verkaufbaren Produkten ausgestattet sind.

1.5   Checkliste: Importeure, Distributoren und Fachhändler

Sie sind Importeur, Distributor oder Fachhändler eines der Produkte.
Abschn. 1.4.1. Damit gehören Sie zu den Wirtschaftsakteuren, die zukünftig dafür
Sorge tragen müssen, dass alle Produkte, die nach dem Stichtag 28. Juni 2025
produziert wurden und von Ihnen importiert, distribuiert oder verkauft werden,
den Anforderungen des BFSG entsprechen.

1.5.1   Sanktionen für Importeure, Distributoren und Fachhändler

Wenn die nach dem Stichtag hergestellten Produkte nicht den Barrierefreiheitsanforderungen entsprechen, dürfen Sie diese in ganz Europa nicht mehr verkaufen.
Sie müssen diese Produkte zurücknehmen oder auch eine Rückrufaktion dafür
starten. Darüber hinaus können Bußgelder von 10.000 bis zu 100.000 € erhoben
werden.

1.5.2   Roadmap für Importeure, Distributoren und Fachhändler

Für Sie als Importeur, Distributor und Fachhändler wird die Auswahl Ihrer
Produktlieferanten entscheidend sein.

- Setzen Sie eine Task-Force für das Thema BFSG ein.
- Erarbeiten Sie eine Barrierefreiheits-Strategie.
- Überprüfen Sie rechtzeitig Ihre Verträge mit Herstellern der Produkte.

- Lassen Sie sich von den Herstellern beziehungsweise von Ihren Vertrags-
  partnern über den Status der Umsetzung der Barrierefreiheitsrichtlinien
  informieren.
- Lassen Sie sich jetzt schon zusichern, dass die produzierten Produkte ab dem
  Stichtag barrierefrei sein werden.
- Entwickeln Sie spezifische Vertriebsstrategien. Stellen Sie zum Beispiel
  sicher, dass Sie für die Übergangsphase nach dem Stichtag gegebenenfalls
  ausreichend Produkte auf Lager haben, die Sie verkaufen dürfen.
- Planen Sie Ihre interne und externe Kommunikation.
- Schulen Sie Ihre Mitarbeiter.
- Kontrollieren Sie sich selbst und bereiten Sie sich auf Undercover-Einkäufe –
  initiiert durch Wettbewerber – vor.
- Informieren Sie Ihre zuständige Marktüberwachungsbehörde proaktiv, sollte
  es zu Herausforderungen kommen.

1.6   Checkliste: Dienstleistungs-Anbieter

Anbieter von Dienstleistungen müssen den Zugang und die Nutzung Ihrer Leis-
tung nach dem 28. Juni 2025 barrierefrei gestalten. Dazu müssen Sie das
Frontend, mit dem Verbraucher interagieren, verändern. Gegebenenfalls sind
dafür auch Anpassungen im Backend notwendig.

1.6.1   Dienstleistungen, die vom BFSG erfasst werden

- Telekommunikationsdienste
- Bankdienstleistungen
- Dienstleistungen im elektronischen Geschäftsverkehr (E-Commerce)
- E-Books
- auf Mobilgeräten angebotene Dienstleistungen (inklusive Apps) im überregio-
  nalen Personenverkehr
- Personenbeförderungsdienste (für Stadt-, Vorort- und Regionalverkehrsdienste
  nur interaktive Selbstbedienungsterminals)

1.6.2   Ausnahmeregelungen für Dienstleister

Für Dienstleister gibt es – anders als für Produkthersteller – Ausnahmeregelungen. Die Voraussetzungen:

1. Sie gehören zu den sogenannten „Kleinstunternehmen" mit weniger als zehn Beschäftigten oder höchstens 2.000.000 € Jahresumsatz.
2. Für den Anbieter ergeben sich durch die Barrierefreiheit grundlegende Veränderungen der Wesensmerkmale seiner Dienstleistung. Diesen Umstand müssen Sie proaktiv bei Ihrer Marktüberwachungsbehörde anzeigen.
3. Oder für den Anbieter stellt die Herstellung von Barrierefreiheit eine unverhältnismäßige (nachweißbar bedrohliche) Belastung dar. Das müssen Sie proaktiv bei Ihrer Marktüberwachungsbehörde anzeigen.

1.6.3   Übergangsfristen für Dienstleistungen

Für vorher abgeschlossene, laufende Verträge für Dienstleistungen, beispielsweise Telekommunikationsdienste, gilt eine Übergangsfrist von maximal fünf Jahren. Das heißt, dass Verträge, die vor dem 28. Juni 2025 geschlossen werden, bis zum Ablauf der Vertragslaufzeit – allerdings nicht länger als 27.06.2030 – unverändert fortbestehen dürfen.

E-Books haben keine Übergangsfrist

E-Books müssen vom 29. Juni 2025 an barrierefrei angeboten werden. Entscheidend ist dabei nicht, wann das E-Book zum Beispiel erstmals veröffentlicht wurde. Sondern das Verkaufsdatum ist entscheidend.◄

1.6.4   Sanktionen für Dienstleister

Anbieter, die keine Ausnahme-Regelungen in Anspruch nehmen können, müssen das Frontend für ihre Dienste gegenüber dem Verbraucher vom 29. Juni 2025 an barrierefrei zur Verfügung stellen. Ansonsten dürfen sie ihre Dienstleistungen in Europa nicht mehr anbieten. Neue Verträge werden ungültig. Bei Verstößen können Bußgelder von bis zu 100.000 € erhoben werden.

1.6.5 Roadmap für Dienstleister

Wenn Sie Ihre vom BFSG erfassten Dienstleistungen weiterhin in der EU anbieten wollen, haben Sie vermutlich bereits eine BFSG-Task-Force eingerichtet. Denn für Dienstleister werden strategische Entscheidungen, wie sie in den Grundpfeilern der Barrierefreiheits-Strategie in der Einführung beschrieben werden, und die rechtzeitige technische Umsetzung entscheidend sein.

- Falls Sie eine der Ausnahmeregelungen Abschn. 1.6.2 für sich in Anspruch nehmen wollen, informieren Sie Ihre Marktüberwachungsbehörde und Ihre Vertriebspartner.
- Überprüfen Sie den Zugang und die Nutzung Ihrer Dienstleistungen, ob oder inwieweit sie bereits den europäischen Barrierefreiheitsanforderungen entsprechen.
- Eruieren Sie, über welche spezifischen Design- und Softwareanpassungen sich Barrierefreiheit für Ihre Dienstleistung am sinnvollsten herstellen lässt.
- Beobachten Sie Ihre Marktbegleiter.
- Segmentieren Sie Ihre Vertriebspartner. Lassen Sie sich von Ihren Vertriebspartnern bestätigen, dass sie ebenfalls eine Task Force BFSG oder zumindest einen Ansprechpartner haben, der sich mit den Anforderungen auskennt.
- Halten Sie Ihre Partner über Ihre Fortschritte auf dem Laufenden.
- Entwickeln Sie spezifische Vertriebsstrategien.
- Planen Sie Ihre interne und externe Kommunikation.
- Schulen Sie Ihre Mitarbeiter.
- Informieren Sie Ihre zuständigen Marktüberwachungsbehörden proaktiv, wenn es zu Herausforderungen kommen sollte.

1.7 Checkliste: Vertriebspartner von Dienstleistungen

Sie sind Vertragspartner für eine der Dienstleistungen. Abschn. 1.6.1. Damit gehören Sie zu den Wirtschaftsakteuren, die zukünftig dafür Sorge tragen müssen, dass alle Dienstleistungen, für die Sie Verträge nach dem Stichtag 28. Juni 2025 abschließen, den Anforderungen des BFSG entsprechen.

Für vor dem Stichtag abgeschlossene Verträge der Vertriebspartner gelten die gleichen Übergangsfristen. Abschn. 1.6.3. Vertriebspartner können allerdings keine Ausnahmeregelungen in Anspruch nehmen.

1.7.1 Sanktionen für Vertriebspartner

Wenn die Dienstleistungen nicht den Barrierefreiheitsanforderungen entsprechen und der Dienstleister nicht durch eine Ausnahmeregelung befreit ist, dürfen Sie innerhalb von Europa ab dem 29. Juni 2025 keine neuen Verträge mehr für die Dienstleistung abschließen. Diese neuen Verträge sind ungültig. Darüber hinaus können Bußgelder von 10.000 bis zu 100.000 € erhoben werden.

1.7.2 Roadmap für Vertriebspartner

Für Vertriebspartner wird die Auswahl ihrer Dienstleister und der Umgang mit Kunden entscheidend sein.

- Setzen Sie eine BFSG-Task-Force ein und erarbeiten Sie eine Barrierefreiheits-Strategie.
- Überprüfen Sie rechtzeitig Ihre Verträge mit Dienstleistern.
- Lassen Sie sich von den Dienstleistern beziehungsweise von Ihrem Vertragspartner über den Status der Umsetzung der Barrierefreiheitsrichtlinien informieren.
- Oder lassen Sie sich jährlich schriftlich bestätigen, dass der Dienstleister unter eine der Ausnahmeregelung Abschn. 1.6.2 fällt.
- Lassen Sie sich jetzt schon zusichern, dass die Dienstleistungen ab dem Stichtag – allerdings spätestens bis zum 27. Juni 2030 – barrierefrei sein werden.
- Segmentieren Sie die Verträge Ihrer Kunden.
- Informieren Sie Ihre Kunden rechtzeitig, falls Sie Verträge kündigen müssen, und erstellen Sie Alternativ-Angebote.
- Entwickeln Sie spezifische Vertriebsstrategien.
- Planen Sie Ihre Kommunikation.
- Schulen Sie Ihre Mitarbeiter.
- Informieren Sie Ihre zuständige Marktüberwachungsbehörde proaktiv, falls es zu Herausforderungen kommen sollte.

1.8 Checkliste Leistungserbringer

Alle Unternehmen, Verbände und sogar Vereine müssen – unter Umständen – bis zum 28. Juni 2025 Apps, Onlineshops, Dokumente sowie Websites barrierefrei gestalten. Denn viele nutzen bei der digitalen Kommunikation mit Verbrauchern Dienstleistungen der Telemedien, Bankdienstleistungen oder Leistungen des elektronischen Geschäftsverkehrs (E-Commerce). Damit werden sie – dem BFSG nach – zu sogenannten Leistungserbringern.

Unternehmen, die wenigstens einen der folgenden Services in der Kommunikation mit Verbrauchern anbieten, gehören ebenfalls zu den verpflichteten Wirtschaftsakteuren.

1.8.1 Leistungen, die vom BFSG erfasst werden

- Apps
- Onlineshops
- Websites
- Dokumente

1.8.1.1 Apps/Onlineshop

Wenn Sie eine der folgenden Fragen mit ‚Ja‘ beantworten, müssen Sie Ihre App oder Ihren Onlineshop barrierefrei gestalten. Können Verbraucher:

- beispielsweise Produkte per App bewerten oder an Gewinnspielen teilnehmen?
- über den Onlineshop Produkte oder Dienstleistungen einkaufen?

1.8.1.2 Website

Wenn Sie eine der folgenden Fragen mit ‚Ja‘ beantworten, müssen Sie Ihre Website barrierefrei gestalten. Können Verbraucher:

- über die Website Termine vereinbaren?
- sich in einen Kundenbereich einloggen?
- über ein Help-Desk-System ein Support-Ticket eröffnen?
- über ein Kontaktformular, Chat oder Rückrufservice Kontakt herstellen?
- einen Spendenbutton nutzen?

1.8.1.3 Dokumente

Wenn Sie eine der folgenden Fragen mit ‚Ja' beantworten, müssen Sie Ihre Dokumente barrierefrei gestalten. Erhalten Verbraucher über Ihre App, Ihren Shop oder Ihre Website vertragsrelevante Dokumente? Zum Beispiel:

* Information über Produkte, Dienstleistungen oder Services?
* Angebote über Produkte, Dienstleistungen oder Services?
* Verträge, Rechnungen, Lieferscheine, Vertragsänderungen oder Stornos?

Ermittlung Jahresumsatz

Bei der Ermittlung der Umsätze kommt es nicht nur auf den Jahresumsatz mit der App oder mit dem Onlineshop und die Anzahl der dafür beschäftigten Mitarbeiter an, sondern auf die Zahlen des gesamten Unternehmens. Es sei denn, App oder Onlineshop wurden als eigenständiges Unternehmen ausgegründet. Dann wäre nur der Jahresumsatz dieses Unternehmens relevant.

▷ **Wann muss was barrierefrei gestaltet werden?**
Wenn App oder Onlineshop auf der Website integriert sind, müssen sowohl die App bzw. der Shop als auch die gesamte Website barrierefrei gestaltet sein. Wenn die Website aber nur auf eine separate App oder einen separaten Onlineshop verlinkt, wenn diese also nicht direkt mit der Website verknüpft sind, müssen nur die App oder der Onlineshop barrierefrei gestaltet werden.

Wenn die Services auf der Website mit einer Dienstleistung im elektronischen Geschäftsverkehr in Verbindung stehen, bedeutet das nach den Vorschriften des BFSG, dass die gesamte Website barrierefrei gestaltet sein muss.

1.8.2 Ausnahmeregelungen für Leistungserbringer

Leistungserbringer können die gleichen Ausnahmeregelungen in Anspruch nehmen wie Dienstleister. Abschn. 1.6.2.

1.8.3 Übergangsfristen für Leistungserbringer

Es gibt keine Übergangsfristen für Leistungserbringer.

1.8.4 Sanktionen für Leistungserbringer

Leistungserbringer, die keine Ausnahmeregelungen in Anspruch nehmen können, müssen das Frontend und den Prozess für Apps, Onlineshops, vertragsrelevante Dokument und Website gegenüber VerbraucherInnen vom 29.06.2025 an barrierefrei zur Verfügung stellen. Ansonsten dürfen sie die Leistungen, die im Zusammenhang mit Telemedien stehen, nicht mehr zur Vertragsanbahnung und Abschluss nutzen. Bei Verstößen können Bußgelder von bis zu 100.000 € erhoben werden.

1.8.5 Roadmap für Leistungserbringer

- Setzen Sie eine BFSG-Task-Force ein.
- Erarbeiten Sie eine Barrierefreiheits-Strategie.
- Falls Sie eine der Ausnahmeregelungen Abschn. 1.6.2 für sich in Anspruch nehmen wollen, informieren Sie Ihre Marktüberwachungsbehörde.
- Lassen Sie sich von Ihren App-, Shop-, Softwareanbietern bestätigen, dass die Versionen, die Sie nutzen, die grundsätzlichen Funktionen für die Herstellung von Barrierefreiheit erhalten werden. Gegebenenfalls müssen Sie neue Anbieter anfragen.
- Zerlegen Sie das BFSG-Projekt in einzelne Teilprojekte. Zum Beispiel Umsetzung von Apps, Onlineshops, PDF-Dokumente und Website.
- Nutzen Sie selbst generative KI, um die Umsetzung zu beschleunigen.
- Involvieren Sie gegebenenfalls zusätzlich zu Ihren internen auch externe Dienstleister.
- Unterteilen Sie die Projekte in leicht erreichbare Quick-Wins. Feiern Sie sich beispielsweise, wenn alle Alternativtexte für Abbildungen ergänzt sind oder wenn alle PDF-Dokumente barrierefrei sind.
- Involvieren Sie Ihre Vertriebs- und Kommunikations-Abteilung: Planen Sie Ihre interne und externe BFSG-Kommunikation.
- Schulen Sie Ihre Mitarbeiter.
- Informieren Sie Ihre zuständige Marktüberwachungsbehörde proaktiv, falls es zu Herausforderungen kommen sollte.

1.9   Die grundlegenden Anforderungen des BFSG

Das Barrierefreiheitsstärkungsgesetz verlangt, dass Produkte, Dienstleistungen, Apps, Onlineshops, Websites, E-Books und digitale Dokumente für Menschen mit Behinderungen ohne besondere Erschwernis und grundsätzlich ohne fremde Hilfe auffindbar, zugänglich und nutzbar sind. Dazu muss jedes digitale Angebot (jedes enthaltene Format) über mehr als nur einen Sinneskanal zugänglich gemacht werden.

1.9.1   Welche Formate müssen unterstützt werden?

Durch die Unterstützung unterschiedlicher und komplementärer Sinneskanäle erfüllen Sie die Anforderungen des BFSG hinsichtlich der Inhalte und Sie erreichen mit Ihrer Botschaft auch mehr Personen innerhalb Ihrer Zielgruppe.

1.9.1.1 Sprachausgabe

Zukünftig reicht es nicht mehr aus, beispielsweise in einem Onlineshop die zu erwerbenden Produkte und Dienstleistungen sowie Vertragsdokumente in Text und Bild darzustellen. Die Texte, Bildbeschreibungen und PDF-Dokumente müssen zum Beispiel auch über Sprachausgabe hörbar und damit auditiv wahrnehmbar sein.

▶   **Die Braillezeile** All die Informationen, die über Sprachausgabe hörbar gemacht werden können, lassen sich für Personen, die Blindenschrift lesen können, auch als Braillezeile ausgeben. Die dazu benötigte Hardware und Software liegt in der Verantwortung der beeinträchtigten Person. Um den Barrierefreiheitsanforderungen zu entsprechen, müssen Sie aber über eine entsprechende Struktur (Design) die Voraussetzung dafür bieten.

1.9.1.2 Textausgabe

Wenn zum Beispiel eine Website darüber hinaus Video- und Audioinhalte nutzt, müssen die Inhalte auch als Text dargestellt werden. Zum Beispiel durch Untertitel oder als Transkript.

Gebärdensprache

Die meisten kennen Gebärdensprach-Dolmetscher durch das Fernsehen. Wichtige Ansprachen von Politikern oder auch die Nachrichten werden gebärdet. Auf Websites von Behörden werden jedoch auch Texte durch Gebärdende vorgetragen. Das liegt daran, dass Text für taube Menschen wie eine Fremdsprache ist und erlernt werden muss. Denn die Grammatik der Deutschen Gebärdensprache unterscheidet sich stark von der der deutschen Sprache. Es ist um ein Vielfaches schwieriger, eine Sprache zu erlernen, die man nicht hören kann. Es ist deshalb eine Überlegung wert, besonders wichtige Informationen auch über Gebärdensprach-Videos darzustellen.

Für Städte und Kommunen müssen Inhalte auch als Gebärde zur Verfügung stellen. Für private Wirtschaftsakteure ist die Nutzung von Gebärdensprache optional.

Leichte Sprache

„Leichte Sprache" ist eine speziell geregelte einfache Sprache. Sie hilft Menschen, Texte zu verstehen. Auch komplexe Themen können leichter verständlich dargestellt werden. Häufig gehört für Unternehmen aber eine bestimmte Sprache zur Corporate Identity – zum Erscheinungsbild. Darüber hinaus werden Inhalte zum Beispiel auf der Website gerne kompakt dargestellt, um unnötiges Scrollen zu vermeiden. So ist ein Satz beispielsweise in deutscher Sprache schon deutlich länger als im Englischen. Das bedeutet, dass sich viele Layout-Vorgaben für internationale Websites bei der Verwendung von Leichter Sprache nicht einhalten lassen.

Für Städte und Kommunen ist die Verwendung von Leichter Sprache schon seit längerem Pflicht. Für private Wirtschaftsakteure ist sie noch optional.

1.10 Wie muss die Bedienbarkeit unterstützt werden?

Für Menschen mit Beeinträchtigungen sollen Ihre digitalen Angebote ohne besondere Erschwernis zugänglich und nutzbar sein. Die neuen barrierefreien Produkte werden dabei natürlich helfen. Doch sicherlich werden sich nicht alle sofort ein neues Gerät anschaffen können. Und generell liegt es in Ihrer Verantwortung, die digitalen Angebote zugänglich und bedienbar zu machen.

1.10.1 Physische Bedienbarkeit

Die Mindestanforderung, die Sie bei der Bedienbarkeit unterstützen müssen, ist die Bedienbarkeit über Tasten.

Die Bedienung zum Beispiel über Sprach-, Augen- oder Gestensteuerung ist optional. Diese optionalen Möglichkeiten hängen sehr stark von der genutzten Peripherie des Anwenders ab.

1.11   Wie stark sind Sie betroffen?

Sie haben inzwischen herausgefunden, ob Ihre Organisation von den Barriere-freiheitsanforderungen gar nicht betroffen oder befreit ist, befreit werden kann, einfach oder sogar mehrfach betroffen ist.

1.11.1 Szenarien und Strategien

Hier finden Sie einige Szenarien, denen Sie sich gegebenenfalls zugehörig fühlen können und aus denen Sie vielleicht mögliche Strategien für sich ableiten können.

(IT-)Dienstleister mit Kundenbereich

Sie sind ein IT-Dienstleister. Sie wenden sich mit den Dienstleistungen nicht an Verbraucher, sondern an Unternehmen. Sie haben keinen Onlineshop. Aber Sie nutzen Ihre Website intensiv zur Anbahnung von Geschäften und zur Kundenbindung. Zum Beispiel können Interessenten kostenfrei – gegen Daten – nutzwertige Contents wie E- oder Workbooks herunterladen oder sich auch Videos ansehen. Diese Wissensinteressierten wollen Sie zu Neukunden entwickeln. Interessierte können sich für einen Newsletter oder auch für kommende Webinare anmelden. Außerdem kann sich jeder Kunde auf Ihrer Website in seinen Kundenbereich einloggen, um den aktuellen Stand von Aufträgen einzusehen, bei Problemen ein Ticket für den Support zu eröffnen oder die Rechnungen herunterzuladen.

Sie sind – trotz aller Aktivitäten und Interaktionen – durch das BFSG Abschn. 1.1 nicht verpflichtet, Ihre Website, den Kundenbereich oder Ihre E-Books barrierefrei zu gestalten.

Aber es steht Ihnen natürlich frei, (einzelne) Maßnahmen für mehr digitale Barrierefreiheit umzusetzen.

Sollten Sie als Dienstleister andere Organisationen bei der Planung und Umsetzung von Barrierefreiheitsprojekten unterstützen, wäre dies allerdings ein sehr guter Proof-of-Concept. Sie könnten anhand Ihrer eigenen Onlinekommunikation zeigen, wie eine qualitativ hochwertige Umsetzung aussieht – und dass Sie es können.◄

Verein (Verband) mit Spendenbutton

Sie sind ein eingetragener Verein. Ihre Mitglieder sind Privatpersonen – also Verbraucher und Verbraucherinnen. Sie finanzieren sich hauptsächlich über Mitgliedsbeiträge. Aber Sie haben auch einen Spendenbutton auf Ihrer Website. Der Spendenbutton ist mit einer Bankdienstleistung verbunden. Damit werden Sie dem BFSG nach zum Leistungserbringer. Abschn. 1.8. Allerdings beträgt Ihr Jahresumsatz weniger als 2 Mio. Euro. Damit fallen Sie unter die Kleinstunternehmen-Regelung. Abschn. 1.8.2 Sie sind also nicht verpflichtet, die Nutzung des Spendenbuttons oder Ihrer Website barrierefrei zu machen.

Gegebenenfalls können Sie aber die Einnahmen über Ihren Spendenbutton durch mehr Barrierefreiheit erhöhen. Überlegen Sie, ob mehr digitale Barrierefreiheit Ihnen, Ihren Mitgliedern oder Unterstützern helfen würde. Oder ob die Herstellung von digitaler Barrierefreiheit gut zu Ihrer Haltung passt. Vielleicht gibt es von Ihrem oder einem anderen Bankdienstleister schon einen barrierefreien Spendenbutton.◄

(Brillen-)Geschäft mit App und Onlineshop

Sie betreiben ein Brillengeschäft mit einer oder mehreren Filialen. Zusätzlich verkaufen Sie Brillengestelle, Sonnenbrillen und Zubehör über Ihren Webshop. Über eine gemietete App können Ihre Kunden die Brillengestelle sogar virtuell anprobieren. App und Onlineshop sind für eine nahtlose User-Experience in Ihre Website integriert – die über Ihre Leistungen, Ihr Team und Standorte informiert. Vom Jahresumsatz her werden Sie nicht als Kleinstunternehmen eingestuft. Sie müssen als Leistungserbringer also sowohl die App, den Onlineshop, vertragsrelevante Dokumente und Ihre Website barrierefrei gestalten. Abschn. 1.8.

Da Sie sich aufgrund von Lieferengpässen, Lieferantenwechseln und Fachkräftemangel in einer finanziell sehr angespannten Lage befinden, möchten Sie nicht alle Maßnahmen bis zum Stichtag auf einmal durchführen müssen. Sie weisen Ihrer zuständigen Marktüberwachungsbehörde den unternehmensbedrohlichen Sachverhalt nach Abschn. 1.8.2 und lassen sich zunächst befreien.

Da Sie sich Ihrer Verantwortung allerdings bewusst sind, beginnen Sie, in kleinen, verdaubaren Schritten zunächst alle eigenen vertragsrelevanten PDF-Dokumente vorlesbar zu machen. Darüber hinaus bitten Sie Ihre Zulieferer, digitale Flyer, die Sie für die Vertragsanbahnung nutzen, ebenfalls vorlesbar zu erstellen.

Sie machen den Anbieter der App darauf aufmerksam, dass er die Anprobier-App barrierefrei gestaltet. Der Anbieter des Onlineshops hat bereits eine BFSG-konforme Version veröffentlicht. Hier müssen Sie Ihre Artikel allerdings teilautomatisiert oder teils auch manuell nachpflegen. Zum Beispiel müssen Sie bei vielen Abbildungen noch die fehlenden Alternativtexte eintragen, die somit vorgelesen werden können. Außerdem müssen Sie kontrollieren, ob die automatisch erstellen Untertitel der Videos Ihren Qualitätsanforderungen entsprechen.

Diese finalen Anpassungen im Shop sowie Layout-Anpassungen und die Installation einer BFSG-konformen Vorlesefunktion auf der Website planen Sie für das Folgejahr ein. Sie halten Ihre Marktüberwachungsbehörde – proaktiv – über Ihre kontinuierlichen Fortschritte auf dem Laufenden.◄

ITK-Reseller mit Onlineshop

Sie sind ein ITK-Fachhändler und verkaufen Smartphones über Ihr Ladengeschäft und Ihren Onlineshop. Darüber hinaus bieten Sie auch Telekommunikationsverträge zu den Smartphones an. BFSG-Konformität ist für Sie unternehmenskritisch.

Als Verkäufer eines der Produkte Abschn. 1.5 gehören Sie zu den Wirtschaftsakteuren, die zukünftig dafür Sorge tragen müssen, dass alle Produkte – inklusive Verpackung und Bedienungsanleitung –, die nach dem Stichtag 28. Juni 2025 produziert wurden, den Anforderungen des BFSG entsprechen.

Als Vertragspartner Abschn. 1.7. einer unter das BFSG fallenden Dienstleistung Abschn. 1.6.1 müssen Sie auch Sorge dafür tragen, dass die Dienstleistungen, über die Sie nach dem 28. Juni 2025 neue Verträge abschließen, barrierefrei sind. Und dass die Dienstleistungen für laufende Verträge spätestens bis 2030 umgestellt werden.

Verbraucher und Verbraucherinnen können zudem sowohl Produkte als auch Verträge zu Dienstleistungen über Ihren Onlineshop kaufen beziehungsweise abschließen. Dann zählen Sie zusätzlich zu den sogenannten Leistungserbringern. Abschn. 1.8.1. Sie müssen also den Onlineshop, vertragsrelevante Dokumente und Ihre Website barrierefrei gestalten. Abschn. 1.8.

Sie verständigen sich rechtzeitig mit Ihren Lieferanten Abschn. 1.5.2 und Vertragspartnern. Abschn. 1.7.2. Sie erarbeiten gemeinsam mit Lieferanten und Vertragspartnern sowohl passende Verkaufs- als auch Vertriebsstrategien für die Zeit vor und nach dem Stichtag. Sie planen Ihre Kommunikation im Vorfeld und schulen Ihr Personal. Darüber hinaus organisieren Sie eine Kontrollinstanz oder einen Verantwortlichen: Sie bereiten sich darauf vor, dass es bei Ihnen Undercover-Einkäufe und/oder -Vertragsabschlüsse geben könnte. Sie führen gegebenenfalls bei sich selbst sogar Undercover-Einkäufe oder -Abschlüsse durch, um Schwachstellen selbst aufzudecken und so Bußgelder zu vermeiden.

Die Anpassungen an Ihrem Onlineshop-System bewerkstelligen Sie mit internen und externen Dienstleistern.◄

Hersteller von Routern (Smartphones, Computern, E-Book-Readern)
Sie stellen Router her. Router fallen unter die Produkte, die dem BFSG nach barrierefrei sein müssen. Abschn. 1.4.1.

Beim Kauf, bei der Installation von Routern müssen Nutzer und Nutzerinnen zurzeit sowohl in der Lage sein, die Bedienungsanleitung zu lesen als auch die unterschiedlichen Schalter und Buchsen sehen zu können. Sie müssen es Nutzern zukünftig über den Einsatz von Hardware- und Softwarelösungen ermöglichen, die Informationen zum Gerät, zur Installation und zum Betrieb hörbar zu machen. Wenn Sie darüber hinaus Videoanleitungen verwenden, müssen Sie die Videoanleitung untertiteln – am besten gleich in unterschiedlichen Sprachen. Eine weitere – optionale – Verbesserung für die digitale Barrierefreiheit wäre der Einsatz von „Leichter Sprache".

Ihre Produktstrategie sieht vor, dass Sie zum Stichtag alle neu produzierten Produkte barrierefrei haben. Die Kosten für die Entwicklung der barrierefreien Produkte geben Sie anfänglich nur mit leicht erhöhten Verkaufspreisen weiter. Ihre Verkaufsstrategie sieht außerdem vor, dass Sie die Fachhändler mit Ihren vor dem Stichtag produzierten Bestsellern ausstatten, damit diese beim Verkauf auch eine etwas preiswertere Alternative anbieten können.

(Telekommunikations-)Dienstleister
Sie bieten eine Telekommunikations-Dienstleistung an, die es Unternehmen ermöglicht, über die Website direkt ein Telefonat mit einem spezifischen Mitarbeiter zu starten. Sie wenden sich mit Ihrer Dienstleistung zwar nicht direkt, aber indirekt auch an Verbraucherinnen und Verbraucher.

Als Anbieter einer Telekommunikations-Dienstleistung fallen Ihre Dienstleistungen unter die, die dem BFSG nach barrierefrei gestaltet werden müssen. Abschn. 1.6.

Sie müssen die Übertragung von Sprache vom Stichtag an zusätzlich durch Echtzeit-Untertitel lesbar machen. Für laufende Verträge gibt es Übergangsfristen, für neue Vertragsabschlüsse ab dem 29. Juni 2025 nicht. Abschn. 1.6.3.

Ihre Produktstrategie sieht vor, dass Sie Ihre Dienstleistung schon weit vor dem Stichtag barrierefrei anbieten. Sie können damit Bestandskunden, die vor dem Vertragsende wechseln möchten und auch Neukunden, die vor dem Stichtag bereits die barrierefreie Version einsetzen möchten, einen reduzierten Early-Adopter-Preis anbieten. Der Early-Adopter-Preis liegt zwischen dem Preis für die nicht-barrierefreie Version und der barrierefreien Version. Damit können sich Ihre Kunden nicht nur frühzeitig profilieren, sondern auch nach dem Stichtag sparen. Sie erhalten damit bereits in der Übergangsphase nicht nur mehr Umsatz, sondern auch wertvolles Kundenfeedback, dass Sie bis zum Stichtag für eine noch bessere Unser-Experience umsetzen können.

Sie setzen beide Versionen zum Testen auf Ihrer Website ein. Sie nutzen das Thema Barrierefreiheit als zusätzliche Promotion Ihrer Dienstleistung.

Die Chancen 2

2.1 Wer profitiert von digitaler Barrierefreiheit?

Jeder zweite Mensch in Deutschland würde von mehr digitaler Barrierefreiheit profitieren. Denn motorisch behindert sind wir schon, wenn wir ein Kind auf dem Arm halten. Eine gewisse Sehbehinderung bemerkt jeder, wenn wir bei Sonneneinstrahlung nicht mehr alles auf dem Bildschirm erkennen können. Eine Hörbehinderung kann schon durch den Umgebungslärm in einem Großraumbüro entstehen. Kognitiv beeinträchtigt sind wir, wenn wir versuchen, Multitasking zu betreiben. Situative Behinderungen sind vielfältig und passieren jedem.

Es gibt auch andere temporäre Beeinträchtigungen: zum Beispiel einen eingegipsten Arm. Vielleicht ist ein Auge verletzt, oder wir haben gerade unsere Brille verlegt. Auch eine Mittelohrentzündung, ein Hörsturz, Migräne oder Müdigkeit können uns bei der Nutzung von Onlineshops und Websites behindern.

▶ **Abweichungen in der Statistik** Bei den statistischen Auswertungen kommt es gegebenenfalls zu kleinen Abweichungen, weil die Zahlen in unterschiedlichen Jahren erhoben wurden und sich die Einwohnerzahl in Deutschland erhöht hat.

Die Zahl der Menschen, die mit situativen und temporären Behinderungen zu kämpfen haben, ist statistisch schwer zu erfassen. Die Zahl derer, die dauerhaft betroffen sind, ist jedoch höher als man denkt:

G. Horcher, *Barrierefrei kommunizieren für Unternehmen*, essentials, https://doi.org/10.1007/978-3-658-44230-9_2

- In Deutschland leben rund 10,4 Mio. Menschen mit einer dauerhaften, 7,8 Mio. mit einer schweren und 2,6 Mio. mit einer leichten Behinderung.[1] Das sind rund 12,5 % der Bevölkerung.
- Neu hinzu gekommen sind geschätzt 2,5 Mio. Menschen – circa 3 % der deutschen Bevölkerung – die unter Symptomen von Long COVID leiden.[2]
- Und in einer immer älter werdenden Bevölkerung nimmt der Anteil der Menschen mit Behinderungen zu. 18,6 Mio. Menschen – rund 22 % – sind älter als 65 Jahre.[3]
- Zudem sprechen 12,3 Mio. – rund 15 % – der in Deutschland lebenden Menschen die deutsche Sprache nicht als Muttersprache.[4]
- Hinzu kommen 6,2 Mio. Menschen in Deutschland, die nicht oder nur unzureichend lesen und schreiben können.[5] Das entspricht 7,5 % der Bevölkerung.

Insgesamt sind 50 Mio. Menschen betroffen. Sicherlich gibt es Überschneidungen der Betroffenengruppen und damit eine gewisse Mehrfachzählung in dieser Zahl. Dennoch kann man bei einer Einwohneranzahl von 84 Mio. unter dem Strich wohl sagen, dass jeder Zweite in Deutschland von digitaler Barrierefreiheit profitieren würde.

▷   **„Behindert ist man nicht – behindert wird man."**

2.1.1   Nachhaltigkeit-Ziel: Weniger Ungleichheiten

Selbst wenn es heute mehr Menschen im Alter von über 55 Jahren gibt, die von Behinderungen betroffen sind, legen auch sehr viele junge Menschen – sogar in Social Media – Wert auf digitale Barrierefreiheit. Denn wenn man jemanden mit

---

[1] https://www.destatis.de/DE/Themen/Gesellschaft-Umwelt/Gesundheit/Behinderte-Menschen/_inhalt.html

[2] https://de.statista.com/statistik/daten/studie/1379361/umfrage/umfrage-zu-post-long-covid-erkrankungen-in-deutschland-nach-bundeslaendern/

[3] https://de.statista.com/statistik/daten/studie/1365/umfrage/bevoelkerung-deutschlands-nach-altersgruppen/

[4] https://www.destatis.de/DE/Presse/Pressemitteilungen/Zahl-der-Woche/2023/PD23_08_p002.html

[5] https://www.xn--mein-schlssel-zur-welt-0lc.de/de/helfen/zahlen-und-fakten/zahlen-und-fakten.html

einer Beeinträchtigung kennt, ist man für die Themen Barrierefreiheit, Fairness und Selbstbestimmtheit automatisch sensibilisiert.

„Niemand darf wegen seiner Behinderung benachteiligt werden" – das ist bereits im Grundgesetz (Artikel 3, Absatz 3) verankert. Zum anderen enthält das Ziel Nr. 10 „Weniger Ungleichheiten" der 17 SDGs[6] (Sustainable Development Goals) die Forderung: Alle Menschen sollen – unabhängig von Alter, Geschlecht, sexueller Orientierung, Behinderung, Ethnizität, Religion, Herkunft oder sozialem und wirtschaftlichem Status – gleiche Möglichkeiten haben.

Nicht jedes Unternehmen kann gleich alle der 17 ambitionierten Ziele der Agenda 2030 umsetzen, die sich die Weltgemeinschaft für eine nachhaltige Entwicklung gesteckt hat. Aber Menschen mit Beeinträchtigungen dabei zu helfen, Inhalten und Botschaften, Anleitungen und Anweisungen besser folgen zu können, liegt im ureigensten Interesse jeder Unternehmung.

2.2 Digitale Barrierefreiheit als Kommunikations-Trend

Die Sinnhaftigkeit von digitaler Barrierefreiheit ist sicherlich jedem Entscheidungsträger bewusst – auch wenn neue Anforderungen für manche zur Unzeit kommen und unbequem sind. Auch Organisationen entwickeln sich nur weiter, wenn sie ihre Komfortzone erweitern. Und es gibt auch Organisation, die eine Herausforderung damit haben, ihre Prokrastination zu überwinden. Da jeder Mensch aber auch ein Verbraucher oder eine Verbraucherin ist, wird sich digitale Barrierefreiheit auch im B2B-Umfeld zum Kommunikations-Trend entwickeln.

2.2.1 Wir begehren, was wir täglich nutzen

Sie kennen dieses Zitat vom Film-Psychopathen Hannibal Lecter aus „Das Schweigen der Lämmer": „Wir begehren, was wir täglich sehen." Es lässt sich durchaus auf die voraussichtlich wachsende Verbreitung digitaler Barrierefreiheit übertragen. Wenn wir als Verbraucher zum Beispiel immer öfter in Onlineshops kaufen, die es uns einfach machen, in jeder Situation alle relevanten Informationen zu erfassen, weil sie über unterschiedliche Sinneskanäle wahrgenommen werden können, werden wir das sehr schnell schätzen lernen.

---

[6] https://www.bundesregierung.de/breg-de/themen/nachhaltigkeitspolitik/nachhaltigkeits ziele-erklaert-232174

Verbraucher werden diese Einkaufserlebnis nicht nur beim privaten Online-shopping schätzen, sondern es immer mehr auch beim Einkauf im beruflichen Umfeld erwarten – und generell beim Arbeiten mit digitalen Geräten. Selbst in Social Media – ob Instagram oder LinkedIn – werden die Videos heute schon mit Untertiteln versehen, weil der Lautsprecher im Büro oder unterwegs häufig ausgestellt ist. Influencer und Meinungsführer sind aber darauf angewiesen, dass ihre Botschaft trotzdem ankommt. Barrierefreiheit sorgt für eine Win–Win-Situation – in der Kommunikation mit Verbrauchern und Verbraucherinnen wie in der Business-to-Business-Kommunikation.

Deshalb ist nicht die Frage entscheidend, ob Sie als Organisation rein rechtlich unter das BFSG fallen, sondern ob Sie es Ihrer Zielgruppe nicht einfach leichter machen wollen. Ob Sie die wichtige Zielgruppe der Menschen mit einer dauerhaften, temporären oder auch nur situationsbedingten Beeinträchtigung wirklich weiterhin ausschließen wollen – als mögliche Kunden, Mitarbeiter, Partner oder Investoren. Denn Sie können mit Ihren bestehenden Mitteln – unterstützt durch Künstliche Intelligenz – Menschen mit Behinderungen nicht nur ein selbstbestimmteres Leben ermöglichen, Sie können gleichzeitig Ihre Wettbewerbsfähigkeit stärken.

2.3   Barrierefreiheit als Business Development-Chance

Immer wenn neue oder zusätzliche Compliance-Anforderungen an viele Organisationen gestellt werden, müssen externe Berater und Dienstleister möglichst proaktiv agieren. Sie müssen sich schneller und besser mit den neuen Regularien, spezifischen Anforderungen und auch drohenden Sanktionen für ihre Unternehmenskunden auskennen. So stellen sie sicher, dass sie ihre Kunden richtig beraten und unterstützen können. Wer jetzt handelt, sichert sich einen Wettbewerbsvorteil.

Grundsätzlich fallen in Deutschland 254.000 Unternehmen in die relevante Jahresumsatzgröße von 2.000.000 € und mehr. Circa 40 % dieser Unternehmen sind B2C-Unternehmen und wenden sich direkt oder indirekt an Verbraucher. Das heißt, dass etwas mehr als 100.000 Unternehmen mindestens einfach, viele sicherlich auch mehrfach von den Kriterien des BFSG betroffen sind.

Machen Sie als Dienstleister den Kundensegment-Check:

- Segment-Check A: Sind Ihre Kunden dem BFSG nach zur Barrierefreiheit verpflichtet?
- Segment-Check B: Sind Ihre Kunden dem BFSG nach nicht verpflichtet?

- Segment-Check C: Sind Ihre Kunden dem BFSG nach zwar verpflichtet, wollen sich aber auf eine Ausnahmeregelung berufen?
- Segment-Check 1: Sind Ihre Kunden Hersteller von Produkten? Abschn. 1.4
- Segment-Check 2: Sind Ihre Kunden Importeure, Distributoren oder Fachhändler der Produkte? Abschn. 1.5
- Segment-Check 3: Sind Ihre Kunden Anbieter von Dienstleistungen? Abschn. 1.6
- Segment-Check 4: Sind Ihre Kunden Vertragspartner für Dienstleistungen? Abschn. 1.7
- Segment-Check 5: Sind Ihre Kunden Organisationen, die nach BFSG als Leistungserbringer eingestuft werden? Abschn. 1.8

Die Barrierefreiheits-Projekte dieser Gruppen müssen bis zum Stichtag umgesetzt sein. Für externe Berater und Dienstleister ist also reichlich Potenzial für Projekte mit Bestands- und Neukunden vorhanden.

2.3.1 Berater, Dienstleister und Serviceanbieter sind gefragt

Die Liste der möglichen Unterstützungsleistungen in Sachen BFSG-Compliance ist lang und mit Sicherheit noch nicht einmal komplett: Die Leistungen lassen sich in Beratung, Dienstleistung und Service unterteilen. Zur Gruppe der benötigten Dienstleister zählen Rechts- und Unternehmensberater, Programmierer, IT-Dienstleister, Cloud Service Provider, Web- und Digitalagenturen bis hin zu Content-Dienstleistern.

▶ **Proof-of-Concept: die eigene Website** Und obwohl externe Berater, Dienstleister und Serviceanbieter selbst eher selten von den Barrierefreiheitsanforderungen des BFSG betroffen sind, ist es als Proof-of-Concept natürlich sehr sinnvoll, wenn sie beispielsweise anhand ihres eigenen Web-Auftritts zeigen, dass ihnen digitale Barrierefreiheit wichtig ist und dass sie wissen, wie sie richtig umgesetzt wird.

2.3.2 Universelle Schritte für das Business Development

Diese Schritte gelten für alle externen Berater, Dienstleister oder Serviceanbieter:

- Machen Sie sich mit den neuen Anforderungen des BFSG vertraut.
- Setzen Sie eine Task Force „Digitale Barrierefreiheit" ein. Bringen Sie alle Teilnehmer zum Beispiel durch ein Kick-off-Meeting auf den gleichen Stand.
- Segmentieren Sie Ihre bestehenden Kunden danach, in welchem Ausmaß sie vom BFSG betroffen sind.
- Sprechen Sie Ihre Kunden frühzeitig auf mögliche Beratungen und Projekte an. Sonst wird es Anfang 2025 eine Nachfrageexplosion und einen enormen Projektstau bei Ihnen geben.
- Nutzen Sie Ihre Angebote im BFSG-Kontext auch, um Kontakte zu potenziellen Wunschkunden herzustellen.
- Schulen Sie Ihre Vertriebs- und Projektmitarbeiter und gegebenenfalls Partner.
- Nutzen Sie selbst (generative) KI-Tools und -Lösungen, um Projekte schneller umzusetzen.
- Sobald sich der erste Projektstau aufgelöst hat, sprechen Sie auch Ihre B2B-Kunden an.

2.3.3 Berater

Organisationen können sehr unterschiedliche Anforderungen an Berater für Barrierefreiheits-Projekte haben. Zum Beispiel:

- Rechtsberatung
- Strategieberatung
- Umsetzungsberatung
- Testberatung
- Beratung für die Kommunikation mit Überwachungsbehörden
- Beratung für interne und externe Kommunikation
- Beratung für Vertriebsstrategien
- Bis hin zu Undercover-Einkäufen und Bestellungen

▶   Spezifische Schritte für Berater

- Welche Beratung dürfen Sie anbieten?

- Welche Beratung können Sie entweder einzeln oder als Portfolio sinnvoll anbieten?
- Welche Beratung können Sie gegebenenfalls nur gemeinsam mit Partnern anbieten?
- Welche Beratungsmodule werden wann am stärksten benötigt?

2.3.4 Content-Dienstleister

Durch die Barrierefreiheitsanforderungen sind Content-Dienstleister wie PR-, Kommunikations- oder Werbeagenturen sowie Content Marketing- und Social Media-Agenturen gefordert, barrierefreie Contents beziehungsweise Inhalte in unterschiedlichen Formaten zu liefern.

Und es geht dabei nicht nur um kurzfristige Projekte bis zum Stichtag, sondern auch um langfristige Business Development-Projekte wie zum Beispiel:

1. Das Barrierefreiheitsstärkungsgesetz führt bis zum Stichtag 2025 zu umfangreichen Content-Umstellungs- bzw. Anreicherungs-Projekten.
2. Nach dem Stichtag brauchen Organisationen Verträge für die laufende Erstellung von barrierefreien Contents.
3. Darüber hinaus wird das BFSG mit Sicherheit um noch mehr Produkte erweitert. So wird in den Gremien zurzeit beispielsweise über Produkte aus dem Bereich Weißer Ware gesprochen.
4. Und obwohl B2B-Unternehmen – noch – nicht von den Anforderungen betroffen sind, werden auch sie diesen Kommunikations-Trend aufnehmen.

⯈ Spezifische Schritte für Content-Dienstleister

- Erstellen Sie – wenn möglich – drei Angebote pro Kundensegment.
  - Beginnen Sie zum Beispiel mit einer Minimallösung zur automatisierten Quick & Dirty-Umsetzung der Mindestanforderungen: Jedes genutzte Content-Format soll über einen weiteren Sinneskanal wahrgenommen werden können. Nutzen Sie dafür generative KI-Tools, um Texte vorlesen zu lassen und Sprache in Untertitel umzuwandeln.
  - Ergänzen Sie Ihr Angebot gegebenenfalls zu einer Maximallösung: inklusive Content-Review zu Beginn, mit Tests zwischendurch und

zum Abschluss. Mit langfristigen Verträgen für eine qualitativ hochwertige teilautomatisierte Umsetzung von Inhalten in jeweils passende Content-Formate für Menschen mit Seh-, Hör- oder kognitiven Einschränkungen.

- Nutzen Sie generative KI-Tools, um zum Beispiel Text-in-Sprache, Text
  in Leichte Sprache, Sprache-in-Text oder auch in andere Sprachen
  umzuwandeln.
- Bieten Sie wichtige Inhalte auch als Gebärdensprache-Videos an.
- Strukturieren Sie PDF-Dokumente neu, um sie vorlesbar zu machen.

2.3.5   Web- und Digital-Agenturen

≫   **Spezifische Schritte für Website-Dienstleister und Digital-Agenturen**

- Erstellen Sie – wenn möglich – drei Angebote pro Kundensegment.
  - Beginnend mit einer Minimallösung zur Umsetzung der Mindest-
    anforderungen. Zum Beispiel durch die Integration einer Vorlese-
    funktion.
  - Bis hin zu einer Maximallösung: zum Beispiel mit langfristigen Ver-
    trägen für eine qualitativ hochwertige Umsetzung von Inhalten
    in jeweils passende Content-Formate für Menschen mit Seh-, Hör-
    oder kognitiven Einschränkungen.
- Nutzen Sie (generative) KI-Tools, um zum Beispiel Text-in-Sprache, Text
  in Leichte Sprache, Sprache-in-Text oder auch in andere Sprachen
  umzuwandeln.
- Bieten Sie Nutzern alternative Methoden für die physische Bedienung
  eines Onlineshops durch Sprachsteuerung oder durch eine Steuerung
  per Augenbewegung.
- Schließen Sie zum Beispiel Partnerschaften mit Anbietern und profitieren Sie von jeder Vermittlung.
- Schließen Sie Partnerschaften mit Content-Dienstleistern, um
  Content-Projekte in höherer Qualität anbieten zu können.

2.3.6   Developer und IT-Dienstleister

Immer dann, wenn Gesetze neue IT-Compliance-Anforderungen an Unternehmen stellen, sind direkt oder indirekt auch Developer, CSPs, MSPs, IT-Dienstleister und Systemhäuser gefordert.

> **Spezifische Schritte für Developer und IT-Dienstleister**

- Erstellen Sie – wenn möglich – drei Basisangebote pro Segment.
  - Beginnend mit einer kleinen Lösung zur Umsetzung der Mindestanforderungen. Zum Beispiel durch die Nutzung von Services, die einen Shop oder eine Website durch die Integration einer einzigen Codezeile barrierefrei(er) machen.
  - Bis hin zur optimalen Lösung: zum Beispiel mit langfristigen Verträgen für eine qualitativ hochwertige Umsetzung von Inhalten in jeweils passende Content-Formate für Menschen mit Seh-, Hör-, motorischen oder kognitiven Einschränkungen.
- Setzen Sie selbst (generative) KI-Tools und -Lösungen ein, um Projekte schneller umzusetzen.
- Oder schließen Sie Partnerschaften mit Content-Dienstleistern, um Content-Projekte in höherer Qualität anbieten zu können.

2.3.7   Services Provider

Speziell Cloud Service Provider können für ihre Kunden Lösungen konzipieren und anbieten, die bereits wichtige Aspekte der Barrierefreiheitsanforderungen enthalten. Wie zum Beispiel Website- oder Onlineshop-Baukästen mit bereits integriertem Read-Speaker.

> **Spezifische Schritte für Service Provider**

- Hosten Sie nur Dienstleister, die bis zum Stichtag ihre Leistungen für Europa barrierefrei anbieten können.
- Ordnen Sie Ihre Kunden in Größen-Kategorien ein. Beispielsweise danach, ob deren Websites oder Onlineshops als ‚small' (weniger als 100 Seiten), ‚medium' (zwischen 100 und unter 1.500 Seiten), ‚large' (zwischen 1.500 und bis zu 10.000 Seiten) oder ‚extra large' (bis zu 100.000 Seiten) einzuordnen sind.

- Integrieren Sie KI-basierte Technologien wie zum Beispiel Text-in-Sprache- oder Sprache-in-Text-Umwandlung sowie Sprachübersetzungen in Ihre bestehenden Cloud Services.
- Schließen Sie beispielsweise Partnerschaften mit KI-Tool-Anbietern für die Text-, Bild- oder Videoerstellung.
- Bieten Sie Kunden zum Beispiel zusätzlich alternative Methoden für die physische Bedienung einer Website oder eines Onlineshops durch Sprachsteuerung oder durch eine Steuerung per Augenbewegung.
- Erstellen Sie Angebote für Standard- und Premium-Services.
- Schulen Sie Ihre Vertriebs- und Projektmitarbeiter.
- Machen Sie Ihre Kunden frühzeitig auf Ihre besonderen Services aufmerksam.
- Nutzen Sie Ihre Angebote, um potenzielle Kunden anzusprechen.

Die Technologien

3

Disclaimer: Keine Schleichwerbung
Nennungen von Unternehmen oder Tools sind keine Empfehlung, sondern stellen Beispiele dar. Die erwähnten Beispiele bilden nicht den vollständigen Markt ab. Es empfiehlt sich, vor der Entscheidung für ein Unternehmen oder ein Tool eine aktuelle Marktrecherche durchzuführen. Die Beschreibung von Funktionalitäten ist nicht unveränderlich, sondern stellt eine Momentaufnahme dar.

3.1   Keine Format-Sparsamkeit

Nachdem jedes genutzte Format laut BFSG über einen weiteren Sinneskanal zugänglich gemacht werden muss, könnte eine mögliche Reaktion sein, wenig unterschiedliche Formate einzusetzen.

Damit kann man zwar den Aufwand für die Umstellung minimieren, aber aus Sicht Ihrer Unternehmens- und Kommunikationsziele ist das nicht zu empfehlen.

Unterschiedliche Formate bieten mehr Touchpoints
Es ist ein Vorteil, wenn Content in unterschiedlichen Formaten verfügbar ist, etwa durch die Umwandlung von Text in Sprache, Sprache in Text oder das Übersetzen in andere Sprachen. Denn was passiert mit einer Information, die bei der heutigen Informationsflut von einer Zielperson nur einmal erfasst wird? Vermutlich nichts. Studien gehen heute von sechs Kontaktpunkten – Touchpoints – aus, bevor wir ein Thema überhaupt richtig ernst nehmen.

Und es benötigt sogar durchschnittlich elf Touchpoints, bevor eine Aktion erfolgt. In der Kommunikation mit Leads, Kunden, Mitarbeitern, Partnern und Investoren können wir die Botschaft nicht einfach sechs- bis elfmal über den gleichen Kanal im gleichen Format wiederholen. Dadurch erreichen wir nur, dass uns die Person über diesen Kanal keine Aufmerksamkeit mehr schenkt oder uns sogar ein Opt-Out schickt.

© Der/die Autor(en), exklusiv lizenziert an Springer Fachmedien Wiesbaden GmbH, ein Teil von Springer Nature 2024
G. Horcher, *Barrierefrei kommunizieren für Unternehmen*, essentials,
https://doi.org/10.1007/978-3-658-44230-9_3

Zielpersonen reagieren deutlich besser darauf, wenn individuelle Informationen sie mehrmals, über unterschiedliche Touchpoints und in verschiedenen Formaten erreichen. Auch dafür brauchen wir unterschiedliche Content-Formate.

3.2 Einfache Umsetzung durch KI-Services

Die durchgehende Minimalforderung des BFSG, Inhalte über zwei sensorische Kanäle darzustellen, lässt sich für Text-Inhalte mithilfe von Plattform-Allround-Lösungen für Mobile-Apps, Internet und Intranet wie zum Beispiel „WebAccess" von DIGIaccess oder „Assist" von Eye-Able leicht umsetzen.
Mit Funktionen wie:

* Designanpassungen: Kontrastmodi, adaptiver Vergrößerung, Farbenblindheitsfiltern
* Screenreader: Text-to-Speech
* Tastaturnavigation
* PDF-Reader

Diese sogenannten Overlay-Lösungen werden beim Einsatz bei öffentlichen Stellen allerdings beanstandet, beziehungsweise beim Testen abgeschaltet.

▷ **Multisensorisch oder spezialisiert** Wer seiner Zielgruppe verdeutlichen möchte, dass er sich speziell für die Belange von Menschen mit einer spezifischen Beeinträchtigung engagiert, kann statt einer einzigen multisensorischen Plattform auch spezialisierte Plattformen erstellen. Zum Beispiel einen spezifischen Onlineshop für Menschen mit visuellen Beeinträchtigungen. Oder eine neues digitales Format wie beispielsweise ein Audioverse: eine Welt, die sich Besuchern allein durch das Hören und durch gesprochene Sprache erschließt. Ihrer Fantasie sind keine Grenzen gesetzt!

3.3 Digitale Barrierefreiheit für Sehbeeinträchtigte

Wie viele Einwohner in Deutschland sind sehbehindert?

Über 70.000 Deutsche sind blind.[1] Für etwa 0,4 % der Einwohner und Einwohnerinnen ist es damit nahezu unmöglich, Schrift zu lesen. Insgesamt gelten circa 350.000 Personen als sehbehindert. Da keine Meldepflicht bei Schwerbehinderungen besteht, ist davon auszugehen, dass die reale Anzahl der betroffenen Personen in Deutschland höher liegt.

Ein Mensch gilt als sehbehindert, wenn er auf dem besser sehenden Auge – selbst mit Brille oder Kontaktlinsen – nicht mehr als 30 % von dem sieht, was ein Mensch mit normalem Sehvermögen erkennt. Hochgradig sehbehindert ist, wer nicht mehr als 5 % sieht, und als blind gilt, wer nicht mehr als 2 % sieht.

3.3.1 Welche Maßnahmen können Sehbehinderte unterstützten?

Schrift in Sprache umzuwandeln, ist nicht nur für circa 350.000 Menschen mit visuellen Beeinträchtigungen wie Blindheit, Kurzsichtigkeit, Rot/Grün-Schwäche essenziell. Sondern auch für Menschen mit temporären Augenverletzungen und -erkrankungen – und sogar wenn man ‚nur' die Brille verlegt hat oder die Sonneneinstrahlung eine gute Sicht auf das Display verhindert, ist es eine große Unterstützung, neben Texten und Bildern eine zusätzliche Tonspur zu haben.

In Deutschland kommen sogar noch 6,2 Mio. Menschen dazu, die nicht oder nur unzureichend lesen und schreiben können. Darüber hinaus sind auch Personen, die unterwegs sind – etwa zu Fuß oder im Auto – dank Text-zu-Sprache noch in der Lage, sich weiter mit Ihren Botschaften und Inhalten zu beschäftigen.

3.3.2 Text in Sprache umwandeln

▶ **Text in Sprache umwandeln** Unter Text-to-Speech (TTS, deutsch: Text-zu-Sprache) versteht man die Sprachsynthese: die künstliche Erzeugung einer menschlich klingenden Sprechstimme. Ein Text-to-Speech-System wandelt Fließtext in eine akustische Sprachausgabe.

Die Qualität der künstlich erzeugten Sprechstimmen ist sehr unterschiedlich. Wer als Ergebnis eine so brillante Stimme wie zum Beispiel die von Siri erwartet, wird zurzeit noch enttäuscht werden. Siris Stimmen wurden noch von

---

[1] https://www.dbsv.org/zahlen-fakten.html

Schauspielern und Schauspielerinnen über das Einsprechen von Textbausteinen
erstellt.

Übrigens haben Studien ergeben, dass eine weibliche Stimme weltweit als
angenehmer, freundlicher und entspannter wahrgenommen wird.

3.3.3 Erstellen von Audio-Dateien

Um zum Beispiel einen Blog-Beitrag auch als anklickbare Audiodatei zur
Verfügung zu stellen, kann man diese durch ein Text-to-Speech-System wie
zum Beispiel Amazon Polly erstellen lassen. Es stehen für die deutsche Sprache inzwischen mehrere unterschiedliche männliche und weibliche Stimmen
zur Verfügung. In anderen TTS-Systemen wie beispielsweise AiVOOV können
zusätzlich Dialekte für Österreich und die Schweiz oder sogar Kinderstimmen
ausgewählt werden.

Mit der neuesten Generation von Text-to-Speech-Tools lassen sich die sogenannten Voiceover auch gezielt mit Emotionen erstellen. Mit dem Tool Revoicer
kann man die Stimme zum Beispiel wütend, fröhlich, traurig, aufgeregt, erschro-
cken, friedlich, unsympathisch oder hoffnungsvoll klingen lassen. Und die
Stimme kann auch schreien oder flüstern.

Mit KI-Tools wie Murf.ai oder Speechify können darüber hinaus eigene Stimmen – per Voice Cloning – synthetisiert und auch Stimmen von Prominenten
genutzt werden.

Alle TTR-Systeme lassen sich natürlich auch dazu einsetzen, Audiobooks oder
Podcasts zu erstellen. Dabei sollte nur gleich darauf geachtet werden, dass es
hierfür auch eine Subtitle-Funktion (SRT) gibt.

> ▶   **Texte für Text-to-Speech vorbereiten** Wird ein bestehender Fließtext
> 1:1 – quick and dirty – in Sprache übertragen, ist das Resultat prinzi-
> piell verständlich. Er enthält aber häufig irritierende Elemente, wenn
> er unbearbeitet als Audioformat ausgegeben wird. Wer in der Kom-
> munikation Wert auf Qualität legt, für den ist es sinnvoll, den Text
> zu überarbeiten, um das Text-to-Speech-Ergebnis zu optimieren. Die
> Systeme werden zwar täglich besser, aber speziell bei Eigennamen,
> Abkürzungen, Zahlen, E-Mail-Adressen oder auch Anglizismen muss
> man nacharbeiten, um Hörvergnügen herzustellen. Bei Abkürzungen
> hilft es, die Buchstaben mit einem Leerzeichen voneinander getrennt
> darzustellen. Bei Eigenamen muss man zur Not auf eine phonetische
> Schreibweise zurückgreifen; Zahlen und die Sonderzeichen wie Punkt,

Bindestrich bei E-Mail-Adressen sollte man besser gleich ausschreiben. Auch das Einfügen von Satzzeichen – auch wenn diese grammatikalisch nicht korrekt sind – kann helfen, um auf das Satztempo Einfluss zu nehmen. Wer es besonders gut machen will, verzichtet darüber hinaus auf Formulierungen, die auf visuelle Wahrnehmung anspielen wie zum Beispiel: Wie sie sehen … oder … hier lesen Sie ….

▷ **Aus Text Videos erstellen** Wer sich die Mühe macht, Texte für die Umsetzung in Sprache qualitativ anzupassen, kann diese Texte auch dafür nutzen, um mithilfe eines KI-Video-Generators wie zum Beispiel Synthesia.io ein Video (inklusive Untertitel) zu erstellen. Schauspieler, die als sogenannte Avatare fungieren, wurden dafür vorab vor einer 4 K-Kamera gefilmt. Dank der so erfassten Videodaten kann der Avatar beliebige Texte sprechen – was auch immer der Anwender braucht und vorgibt. Unternehmen können sich sogar einen Custom-Avatar erstellen, einen persönlichen Avatar mit eigener Stimme.

3.3.4 Vorlesefunktionen für Apps oder Websites

Bei einem Web- oder Screenreader, auch Vorlese-Anwendung genannt, wird keine Audio-Datei vorab erstellt, sondern der Text, der auf der Website steht, wird direkt vorgelesen. Während ein Webreader ‚nur' die Inhalte der Website vorliest, fungiert eine Screenreader-Software wie die von ReadSpeaker als eine alternative Benutzerschnittstelle. Denn auch die Menü- und Bedienelemente werden dabei mittels Sprachsynthese akustisch oder sogar taktil über eine Braillezeile wiedergegeben. Dies kann zum Beispiel der quelloffene Screenreader Nonvisual Desktop Access (NVDA).

▷ **Screenreader lesen Code, nicht Text** Ein Screenreader liest den Quellecode einer Website aus. Damit der Screenreader gut funktioniert, müssen im Quellcode Design-Attribute deutlich getrennt sein vom Content – den Inhalten – der Website. Sobald Text in Form einer Grafik auf der Website gezeigt wird, wird er nur dann vorgelesen, wenn zur Grafik einen Alternativ-Text im Web-Content-Management-System (WCMS) eingegeben wurde.

3.3.5 PDF-Dateien/Vertrags-Dokumente vorlesen lassen

Werden bei Vertragsanbahnung oder -abschluss PDF-Dateien eingesetzt, müssen auch diese vorlesbar sein. Dafür kann beispielsweise der docReader von ReadSpeaker auf der Website eingebettet werden.

> **PDF-Dateien barrierefrei erstellen** Alternativ dazu kann man die PDF-Datei bereits barrierefrei erstellen. Das geht zum Beispiel in World oder InDesign. Voraussetzung dafür ist, dass die Inhalte sehr strukturiert dargestellt werden und das beispielsweise Überschriften, Tabellen oder auch Listen über Formatvorlagen erstellt werden. Auf Leerzeilen ist unbedingt zu verzichten, weil diese sonst mit vorgelesen werden. Und Grafiken müssen entweder als Design-Elemente eigestuft werden oder mit Alternativ-Texten versehen sein. Nur so ist sichergestellt, dass man später beim Anhören des Dokuments sinnvoll navigieren kann.[2]

3.3.6 Summary: Text in Sprache umwandeln

Die visuelle Beeinträchtigung behindert Nutzer von Apps, E-Books, Onlineshops, Websites oder Social Media sehr stark. Es sind sowohl die Content-Formate Text, Bild, Video und Event als auch die Navigation und Bedienung davon betroffen.

Darüber hinaus lassen sich Inhalte und Bedienelemente nur in einem strukturierten Layout gut durch Audio-Dateien, Vorlesefunktionen oder Braillezeile vermitteln. Bildelemente werden nur über zusätzliche Alternativtexte vorlesbar.

Vorlesefunktion können über die Stimme Emotionen noch nicht automatisiert produzieren, auch die Stimmenauswahl ist hier noch nicht optimal. Allerdings ist es bereits möglich, Audiodateien mit Stimm-Emotionen zu versehen.

Sprachbarrieren überwinden
Eine der größten Herausforderungen in der Kommunikation – die vom BFSG allerdings nicht thematisiert wird – ist die Sprachbarriere. Automatisierte Übersetzungen helfen, Fremdsprachbarrieren zu überwinden:

- Dabei lassen sich zum Beispiel über DeepL eingegebene Texte und ganze Dokumente einfach automatisiert übersetzen.

---

[2] Eine detaillierte Beschreibungen gibt es unter https://barrierefreies-pdf.com/.

- Google Translate kann darüber hinaus Texte innerhalb eines Bildes oder sogar ganze Websites (anhand ihrer Internetadresse) in über 120 Sprachen übersetzen.
- Untertitel von Videos lassen sich über YouTube automatisch in circa 100 Sprachen übersetzen.
- Live-Untertitel bei Meetings und Events, durchgeführt mit Teams, Zoom & Co., können zurzeit in circa 50 Sprachen übersetzt werden.
- Bei bestehenden Video-, Audio-Dateien oder Podcasts können über Multilingual-Plattformen wie zum Beispiel Alugha zusätzliche Tonspuren in über 250 Sprachen erstellt und hinzugefügt werden.
- Über Text-to-Speech-Lösungen wie zum Beispiel den ReadSpeaker lassen sich Texte erst in eine ausgewählte Sprache übersetzen und dann vorlesen.

3.4 Digitale Barrierefreiheit für Hörbeeinträchtigte

Wie viele Einwohner in Deutschland sind hörbehindert?
Dokumentiert ist, dass circa 30.000 Deutsche taub sind.[3] Da keine Meldepflicht bei Schwerbehinderungen besteht, wird davon ausgegangen, dass die reale Anzahl der betroffenen Personen in Deutschland höher liegt. Gerechnet wird im Allgemeinen mit einem Gehörlosen-Anteil von 0,1 % in Bezug auf die Gesamtbevölkerung, sowohl auf nationaler als auch auf internationaler Ebene. Insgesamt sind circa 320.000 Personen als hörbehindert gemeldet.

Aufgrund einer repräsentativen Erhebung, die im Mai 1999 durchgeführt wurde, ergeben sich für die deutsche Bevölkerung über 14 Jahre bei 19 % eine Hörbeeinträchtigung. Umgerechnet auf die Gesamtbevölkerung in dieser Altersgruppe sind das 13,3 Mio.

Hörbeeinträchtigt ist eine Person, die mindestens eine der Frequenzen 0,5; 1; 2; 3; 4 kHz bei 40 dB nicht hört. Daraus ergibt sich eine Einteilung nach Hörschädigungsgraden von

- bis 35 dB leicht schwerhörig
- 40 bis 65 dB mittel schwerhörig
- 70 bis 85 dB hoch schwerhörig
- 90 dB an Taubheit grenzend schwerhörig

3.4.1 Welche Maßnahmen unterstützen bei Hör-Einschränkungen?

Nicht nur für Gehörlose, Schwerhörige oder Menschen, die bestimmte Frequenzen nicht wahrnehmen können, ist es wichtig, dass Sprache zusätzlich in Text ausgegeben wird. Ist jemand zum Beispiel in der Bahn unterwegs, hat kein Headset dabei oder die Bluetooth-Kopfhörer sind nicht aufgeladen, lässt sich der Inhalt eines Videos nicht verlässlich und der Inhalt eines Meetings oder eines Podcasts überhaupt nicht erkennen.

---

[3] https://www.schwerhoerigen-netz.de/statistiken/?L=0

Es gibt darüber hinaus unterschiedliche Lerntypen, die Inhalte in unterschiedlichen Formaten besser verstehen können. Besonders visuell orientierte Menschen
lieben es zum Beispiel, Inhalte auch in geschriebener Form zu erhalten.
Für 12,3 Mio. Nicht-Muttersprachler ist es eine große Unterstützung, nicht
nur das Gesagte zu hören, sondern zusätzlich lesen zu können. Dadurch erhöht
sich nicht nur die Verständlichkeit enorm, es lässt sich sogar noch ein Lerneffekt
erzielen.

3.4.2 Sprache in Text umwandeln

▶ **Sprache wird in Text umgewandelt** Um Sprache in Text umzuwandeln,
kommt Speech-to-Text (STT) zum Einsatz. STT ist eine Technologie, die Sprache
automatisiert erkennt und in Schrift umwandelt. Diese Schrift wird dann entweder synchron zum Gesprochenen in Gestalt von Untertiteln ausgegeben oder auch
unabhängig vom aktuell Gesprochenen in Form eines Transkripts.

3.4.3 Untertitel für Videos

Für Querformat-Videos, die auf den gängigen Plattformen YouTube oder Vimeo
gehostet werden, lassen sich zum Beispiel bereits direkt beim Einstellen Untertitel
in deutscher Sprache generieren. Die Hosting-Plattformen erstellen dazu automatisch über STT-Technologie ein Transkript der Tonspur und geben dies in
Schriftform aus. Diese automatisierten Transkripte werden als srt-Datei gespei-
chert und können nachträglich bearbeitet werden. Die Untertitel sind heute schon
sehr gut und reichen für das Verständnis des Inhalts vollkommen aus. Nutzer
müssen die Untertitel allerdings explizit über den Button Untertitel aktivieren,
um sie sehen zu können.

Außerdem lassen sich srt-Dateien für Social-Media-Networks wie zum Beispiel LinkedIn, die Videos ebenfalls als Querformt ausspielen, exportieren und
nutzen.

Bei den Hochformat-Videos für Social-Media-Networks wie etwa Facebook,
Instagram oder TikTok lassen sich inzwischen ebenfalls bei allen automatisch
Untertitel erstellen.

▶   **Bearbeitete versus unbearbeitete Transkripte**
        Unbearbeitete, automatisch erstellte Transkripte zeigen jeden Ver-
        sprecher auf. Darüber hinaus enthalten so erstellte Untertitel wenig

bis keine Zeichensetzung. Dass Sätze in der deutschen Sprache groß begonnen werden, wird größtenteils ignoriert. Wer Wert darauf legt, dass nicht nur der Inhalt verständlich, sondern auch alles korrekt geschrieben ist oder sogar CI-Richtlinien eingehalten werden, kann die Untertitel nachträglich bearbeiten. Empfehlenswert ist die Nachbearbeitung auf jeden Fall, wenn zum Beispiel E-Mail-Adressen erwähnt werden. Denn diese werden als Untertitel selten korrekt angezeigt.

Wer sich nicht auf die Untertitel der Hosting- oder Ausspielplattformen verlassen möchte, kann bereits beim Videoschnitt selbst Untertitel erstellen – zum Beispiel mit dem Online-Videoeditor Clipchamp. Oder Untertitel können auch noch nachträglich durch AI-Lösungen wie beispielsweise Wondershare hinzufügt werden.

3.4.4 Transkripte für Podcasts

Podcasts gehören ebenfalls zu den wichtigen sprechenden und trendigen Kommunikationskanälen. Podcasts sind eine großartige Möglichkeit, Ideen und Geschichten mit einem breiten Publikum zu teilen. Verschriftlichte Podcasts machen es möglich, entweder mit oder ohne Ton den Podcast-Text zu lesen, durch Episoden zu scrollen und auf einen Zeit-Absatz zu klicken, um schnell zur richtigen Stelle zu springen. Transkripte ermöglichen es, die meist unterhaltsamen Botschaften von Podcasts zugänglich zu machen. Darüber hinaus verbessern sie die Auffindbarkeit der Inhalte in Suchmaschinen (Search Engine Optimization, SEO).

Auf Spotify kann man sich inzwischen entscheiden, ob man ein automatisiertes oder ein professionelles Transkript erstellen lassen möchte.

Doch bieten nicht alle Hosting-Plattformen Transkript-Funktionen an. Separate Transkripte lassen sich allerdings sehr einfach zum Beispiel über die Transkript-Funktion von Microsoft 365 oder von Google Docs erstellen. Man kann die Datei aber auch über ChatGPT direkt transkribieren lassen.

▶ **Closed Captioning Audio-/Videoinhalte noch besser verständlich machen**
Zur besseren Verständlichkeit von Audioinhalten wird häufig auch Closed Capitioning eingesetzt. Das ist eine vollständige Transkription der Audiospur, die nicht nur die Dialoge wiedergibt, sondern auch den Einsatz von Soundeffekten und Musik in Textform beschreibt.

Solch ein Closed Captioning lässt sich manuell bei der Bearbeitung der Transkripte einfügen.

Es gibt zwar schon KIs, die zur Geräuscherkennung eingesetzt werden. Es gibt aber noch keine verfügbaren Tools für die Anwendung bei Audioinhalten.

3.4.5 Live-Untertitel für Meetings und Events

Für Meeting-Plattformen wie Google Meet, Zoom und – seit Februar 2023 – auch Microsoft Teams gibt es die Möglichkeit, deutsche Live-Untertitel einzuschalten. Bei Microsoft kann jeder Meeting-Teilnehmer sich die Untertitel selbst auswählen. Bei Google und Zoom muss die Untertitelung vom Meeting-Host zunächst aktiviert werden. Nach einem Meeting lassen sich die Untertitel dann auch als Transkript herunterladen.

Seit 2021 bietet der Chrome Webbrowser von Google die Erweiterung (Extension) „Live Captions" – leider bisher nur für die englische Sprache. Live Captions stellt automatisch Untertitel für Audiospuren bereit, zum Beispiel für Streamings. Die Erweiterung funktioniert sogar, wenn der Ton ausgestellt ist. Die Extension ist zwar auch für die deutsche Sprache geplant, aber leider noch nicht umgesetzt.

▶ **Auf die Spracheinstellung achten**
Dazu ist es notwendig, dass die gesprochene Sprache mit der voreingestellten Sprache übereinstimmt. Häufig steht die voreingestellte Sprache auf Englisch und gesprochen wird Deutsch. Damit sind die angezeigten Untertitelungen und auch das Transkript unbrauchbar.

3.4.6 Einsatz von Gebärdensprache

Wie viele können in Deutschland Gebärdensprache?
In Deutschland sprechen etwa 200.000 Menschen die Deutsche Gebärdensprache (DGS). Davon sind rund 80.000 Gebärdende gehörlos. Die Gebärdensprache bildet das soziale und kulturelle Fundament der deutschen Gebärdensprachgemeinschaft.

Auf öffentlichen Websites werden auch Texte – nicht nur Sprache – in Gebärdensprache übersetzt. Diese Übersetzungen werden heute noch von Gebärden-Dolmetschern performt.

Die Deutsche Gebärdensprache ist eine selbstständige, natürlich entstandene Sprache. Die Grammatik der DGS unterscheidet sich deshalb stark von der der deutschen Sprache. Obwohl ein Tauber, der in Deutschland aufwächst, sein ganzes Leben lang immer wieder mit der deutschen Sprache konfrontiert wird, ist die deutsche Sprache mit ihrer Grammatik für ihn trotzdem eine Fremdsprache. Und er muss sie wie eine Fremdsprache erlernen.

Zukünftig sollen mithilfe eines 3D-Gebärdensprach-Avatars[4] (AVASAG) Texte von Internetseiten automatisch in die Deutsche Gebärdensprache übersetzt werden. Das Projekt sollte zwar im Frühjahr 2023 vollendet sein, aber noch gibt es keinen abschließenden Bericht.

3.4.7   Summary: Sprache in Text umwandeln

Eine auditorische Beeinträchtigung macht sich besonders negativ bei den unterhaltsamen Formaten wie Audio, Video und Event bemerkbar. Emotionen lassen sich bei Hörbeeinträchtigten durch Bilder und Text oder durch Gebärden erzeugen und unterstützen.

Die Bedienung von digitalen Anwendungen wie App, Onlineshops, Vertragsdokumenten oder Website ist nicht beeinträchtigt. Die reinen Inhalte lassen sich gut durch Text darstellen. Und audiobasierte Formate sind relativ gut durch Untertitel, Transkripte und Gebärdensprache vermittelbar.

3.5   Digitale Barrierefreiheit für motorisch Beeinträchtigte

Wie viele Einwohner in Deutschland sind körperlich behindert?
Über 4,5 von insgesamt 7,9 Mio. schwerbehinderten Menschen in Deutschland sind körperlich behindert. Mit 58 % stellt die motorische Beeinträchtigung den größten Anteil an Behinderungen da. Das ist fast jeder Zweite von drei behinderten Menschen.[5]

≫ Was ist motorische Behinderung?
Unter dem Begriff motorische Behinderung werden alle Einschränkungen der körperlichen Bewegungsfähigkeit zusammengefasst.

---

[4] https://avasag.de/

[5] https://www.destatis.de/DE/Presse/Pressemitteilungen/2020/06/PD20_230_227.html

Körperbehindert ist, wer aufgrund einer Schädigung des Stütz- und Bewegungsapparats, Organschädigung oder Erkrankung in seinen körperlichen Funktionen beeinträchtigt ist.

3.5.1 Welche Maßnahmen unterstützen Menschen mit motorisch und sensorischen Einschränkungen?

Eine App, einen Onlineshop oder einer Website zu bedienen, ist für Menschen mit motorischen/sensorischen Einschränkungen, zum Beispiel durch Spastik, Amputationen, verkürzte Gliedmaßen oder Lähmungen, eine große Herausforderung. Auch für Menschen mit Verletzungen an Händen oder Armen – oder sei es nur eine vorrübergehende Zerrung im Rücken – und mit schubhaften Erkrankungen wie beispielsweise Rheuma oder Gicht stellt es eine großartige Unterstützung dar, neben der Maus eine alternative Bedienoption für die Navigation und Eingabe zu haben.

Motorisch eingeschränkt sind auch alle, die wegen einer Krankheit im Bett liegen. Und das kommt nicht selten vor. Krankenversicherungen meldeten für 2022 Rekordwerte: An jedem Tag des Jahres waren 55 von 1000 Beschäftigten krankgeschrieben. Das war der höchste Wert seit 25 Jahren und sogar noch ein Zuwachs von 1,5 Prozentpunkten im Vergleich zum Vorjahreszeitraum 2021.

Darüber hinaus profitieren auch visuell eingeschränkte Personen von alternativen Bedienmöglichkeiten wie zum Beispiel einer Sprachsteuerung – gepaart mit einer Vorlesefunktion.

3.5.2 Bedienoptionen

Die Mensch-Computer-Interaktion sollte über mehrere Sinne möglich sein und so funktionieren, wie wir mit unserer Umwelt und mit anderen Menschen interagieren.

Zu den gängigen Bedienoptionen eines Computers zählen bei Verbraucher und Verbraucherinnen die Maus oder der Joystick. Darüber hinaus gibt es Multi-Touchpads bei Laptops oder Touchscreens bei Smartphones und Tablet. E-Book Reader gibt es auch immer noch mit Tasten.

Neu hinzugekommen sind die Sprachsteuerung, Eye-Tracking sowie Touch- und Gestensteuerung. Und es wird an Gehirn-Computer-Schnittstellen gearbeitet, bei denen Hirnströme dazu dienen, Computer zu steuern.

Für die digitale Barrierefreiheit gilt: je mehr Bedienoptionen, desto besser. Doch bei motorisch/sensorischen Beeinträchtigungen funktionieren am besten die Tastaturbedienbarkeit, die Sprachsteuerung sowie die Augensteuerung. Touch- oder Gestensteuerung funktionieren nur für einige der motorischen Einschränkungen.

3.5.3 Tastaturbedienbarkeit erleichtern

Die Tastaturbedienbarkeit ist eine wichtige Säule der Barrierefreiheit. Auch wenn dies deutlich länger dauert als mit einer virtuellen Maus oder einem Sprachassistenten. Die Basis der Tastaturbedienung ist die Tabulator-Taste. Mit der Tab-Taste kann ein Nutzer von Element zu Element springen. Bei nicht optimierten Websites wird nur am linken unteren Rand des Bildschirms – ganz klein – angezeigt, wie das aktuell angesteuerte Element heißt. Dieses Feld lässt sich auf dem Bildschirm auch nicht vergrößern.

Auf den besser optimierten Websites wird dieses Feld zusätzlich markiert: zum Beispiel sichtbar umrandet oder unterstrichen und/oder mit einer Kontrast-Farbe unterlegt. Für Menschen mit einer Sehbehinderung werden die Felder durch einen Screenreader vorgelesen. Abschn. 3.3.4.

Mit der Return- oder Leertaste können jetzt Links, Buttons und alles andere Klickbare aktiviert werden. Innerhalb von Formularen oder eines CAPTCHA[6] lässt sich auch mit den Pfeiltasten navigieren. Mit den Pfeiltasten kann man außerdem auf der Website auf- und abwärts scrollen.

3.5.4 Sprachsteuerung durch Sprachassistenten

▶ Sprachsteuerung durch Sprachassistenten Als Sprachsteuerung bezeichnet man die Übermittlung von Befehlen an technische Geräte, die per Stimme erfolgt. Die Sprachsteuerung ist hauptsächlich aus dem privaten Umfeld bekannt, zum Beispiel durch Sprachassistenten wie Amazon Alexa. Die Sprachassistenten Alexa, Siri, Cortana & Co. funktionieren über sogenannte Smartspeaker wie zum Beispiel ein Echo, den Computer, das Smartphone oder sogar das Auto. Voraussetzung ist, dass es ein Modul für Spracherkennung gibt, das sprachliche Äußerungen aufnehmen und interpretieren kann.

---

[6] CAPTCHA = Completely Automated Public Turing test to tell Computers and Humans Apart.

Genauso wie man sich im Smart-Home durch die Sprachassistenten den Gang zum Lichtschalter, zur Stereo-Anlage oder zum Fernseher spart, ist es möglich, auf einer Website mit der eigenen Stimme zu navigieren, nach Begriffen zu suchen oder sich Texte vorlesen zu lassen.

Zurzeit ist zum Beispiel der ARAG Sprachassistent ein entsprechender Versuchsballon des deutschen Versicherers. (Siehe Tab. 3.1) Über die Web Speech API wird der getätigte (vordefinierte) Sprachbefehl in Text umgewandelt. Die Website muss dafür mit einem Browser verwendet werden, der in der Lage ist, den Zugriff auf das (eingeschaltete) Mikrofon am Endgerät freizuschalten, so wie dies etwa Google Chrome kann.

Für Benutzer mit Mobilitätsbehinderungen kann die Steuerung eines Bildschirm-Mauszeigers mit Sprachbefehlen einfacher sein, als eine physische Maus zu verwenden. In Microsoft-Anwendungen kann man deshalb mithilfe der Stimmeingabe (Cortana) zum Beispiel die Applikationen öffnen, zwischen ihnen wechseln oder im Web surfen. Dafür ist es möglich, etwa den Mauszeiger (den Cursor) gezielt zu bewegen oder Mausklicks auszuführen.

Tab. 3.1 Beispiel Sprachassistent der ARAG-Website (Tab. 3.1)

Sprachbefehl	Aktion
„Suche Begriff"	Z. B. „Suche Begriff Rechtschutzversicherung"
„Lese vor"	Z. B. „Lese 1 vor": liest Überschrift Nr. 1 vor
„Weiter"	Liest nächstes Element vor, wenn vorher etwas vorgelesen wurde
„Homepage"	Zur Startseite ARAG.de navigieren
„zurück"	Eine Seite zurück
„vor"	Eine Seite vor, wenn vorher zurück
„gehe zu"	Z. B. „gehe zu" – der Link muss sichtbar sein
„gehe zum"	Name des Links: z. B. „gehe zum Rechtsschutz"
„gehe zur"	Name des Links: z. B. „gehe zur Tierhalterhaftpflichtversicherung"
„runter"	Scrollt nach unten
„rauf" oder „hoch"	Scrollt nach oben
„nach oben"	Scrollt nach ganz oben
„nach unten"	Scrollt nach ganz unten

Tab. 3.2 Beispiel Eye-Tracking ab Microsoft 10

Augenbewegung	Aktion
„Maus <Richtung> bewegen"	Bewegt den Mauszeiger nach oben, unten, links, rechts, oben links, oben rechts, unten links oder unten rechts
„Stop" oder „Stop Moving"	Beendet die Bewegung des Mauszeigers
„Schnell" oder „Schneller"	Erhöht die Geschwindigkeit des Mauszeigers
„Langsam" oder „Langsamer"	Verringert die Geschwindigkeit des Mauszeigers
„Maus <Richtung> ziehen"	Zieht die Maus nach oben, unten, links, rechts, oben links, oben rechts, unten links oder unten rechts
„Click" oder „Tap"	Klickt ein Element an
„Linksklick"	Klickt mit linker Maustaste auf ein Element
„Rechtsklick"	Klickt das Element mit rechter Maustaste an
„Doppelklicken"	Wort/Element wird markiert
„Dreifachklick"	Ganzer Absatz wird markiert

3.5.5 Steuerung einer virtuellen Maus durch Eye-Tracking

▷ **Eye-Tracking – Steuerung über die Augen** Bei der Augensteuerung wird ein Mauszeiger durch die Augenbewegung kontrolliert. Eine Augensteuerung besteht aus einer Kamera, die die Bewegung der Augen erfasst und einer Software, die die Kamerabilder interpretiert und in Befehle umsetzt.

Ab dem Betriebssystem Microsoft 10 kann der Mauszeiger auch mit der Augensteuerung bewegt und zum Beispiel auf ein editierbares Textfeld verschoben werden. (siehe Tab. 3.2) Danach lässt sich ebenfalls durch die Augensteuerung eine Tastaturschaltfläche öffnen, um anschließend mittels Augensteuerung oder optional über Spracheingabe Text einzugeben.

3.5.6 Touchsteuerung durch touchsensitive Oberflächen

▷ **Bedienen eines Geräts mithilfe von Touchscreens**
Touchscreens sind Bildschirme, die via Berührung der Bildschirmfläche bedient werden können. Sensoren des Bildschirms registrieren den physisch ausgeübten Druck (Resistive Touch), Berührung (Kapazitiver Touch), Wärme (Infrarot- oder

Tab. 3.3 Beispiel Touchgesten Fenstermanagement in Windows 11

Touch	Aktion
„Wischen mit drei Fingern nach unten"	Minimiert alle Fenster
„Wischen mit drei Fingern nach oben"	Öffnet alle Fenster wieder
„Wischen mit drei Fingern nach links/ rechts"	Wechselt zwischen geöffneten Fenstern
„Wischen mit vier Fingern nach oben"	Zeigt das Fenstermenü sowie virtuelle Desktops an
„Wischen mit vier Fingern nach links/ rechts"	Wechselt zwischen virtuellen Desktops

Tab. 3.4 Beispiel Standardgesten bei der Apple Watch 9

Geste	Aktion
„Zeigefinger und Daumen 1 × zusammen tippen"	Springe vor zum nächsten Bedienelement
„Zeigefinger und Daumen 2 × zusammen tippen"	Springe zurück zum vorherigen Bedienelement
„Faust 1 × ballen"	Aktivieren
„Faust 2 × ballen"	Aktionsmenü einblenden

Induktiver Touch) oder Bewegung (Optischer Touch) und übersetzen dies in ein auszuführendes Kommando.[7]

Durch touchsensible Oberflächen können Navigation und Befehlseingabe auch über Wischbewegungen erfolgen. (Siehe Tab. 3.3) Vom Betriebssystem 11 an gibt es bei Microsoft unterschiedliche Touchgesten für unterschiedliche Bereiche. Zum Beispiel in der Taskbar oder beim Fenstermanagement.

3.5.7 Gestensteuerung

▶ **Bedienen eines Geräts mithilfe von Gestensteuerung** Gestensteuerung ermöglicht das Bedienen eines Geräts mithilfe von Gesten – kleinen oder gar nur angedeuteten Bewegungen. Sie ersetzt oder ergänzt die Eingabe über Tasten, Touch, Sprache oder Augenbewegung.

---

[7] https://www.ds.mpg.de/132740/04.

Für die Gestensteuerung ist eine auf Gestenerkennung basierende Technologie notwendig. Zum Beispiel eine 3D-Kamera, eine Infrarot-Kamera oder ein Bewegungssensor als Eingabegerät. Befehle lassen sich mit vordefinierten oder individuell programmierbaren Gesten ausführen.[8]

Mithilfe von kleinen Bewegungen – mit oder ohne zusätzliche technische Hilfsmittel wie zum Beispiel Armbänder oder Datenhandschuhe – lässt sich eine möglichst intuitive Navigation durchführen und die Eingabe von Befehlen. (siehe Tab. 3.4).

3.5.8 Summary: Alternative Bedienung

Bei motorisch und sensorisch bedingten Beeinträchtigungen sind uneingeschränkt alle Content-Formate zur Vermittlung von Inhalten in Apps, Onlineshops, Websites oder Dokumenten einsetzbar.

Für eine gute Bedienbarkeit ist allerdings Voraussetzung, dass es neben der Bedienung mit der Maus noch Alternativen für die Navigation oder Bedienung gibt. Vom Gesetz gefordert ist deshalb eine optimierte Tastenbedienbarkeit. Optional und moderner sind aber eine sprach- oder augengesteuerte Maus, Eingaben durch einen Sprachassistenten über Touch, Gesten oder über Kombinationen der Möglichkeiten.

Blick in die ferne Zukunft: Gedankensteuerung über Gehirnwellen

Sie kennen vielleicht die Videos, bei denen durch die Übertragung von Gehirnwellen (Elektromyographie – kurz EMG) Sprach-Computer gesteuert oder sogar Roboterarme bewegt werden. Die besten Ergebnisse für die Steuerung durch Gehirnwellen werden zurzeit noch durch invasive Brain-Computer-Interfaces erzielt. Invasiv bedeutet, dass die Elektroden operativ ins Gehirn implantiert werden. Für Menschen deren Gesundheitszustand sowieso schon höchst bedenklich ist, ist ein Implantat aber nicht indiziert. Deshalb wird zurzeit mit nichtinvasiven Biosensoren experimentiert.

- Zum Beispiel werden Roboterarme oder -beine mit Gedankenkraft gesteuert, indem die elektrischen Signale von Spinalneuronen aufgefangen und entschlüsselt werden. Ein Forschungslabor von Meta arbeitet an der Entwicklung eines Armbands, das beabsichtigte Bewegungen in technische Befehle umsetzen kann. Dafür werden mithilfe von Elektromyographie Nervensignale über Sensoren am Handgelenk abgefangen und in digitale Befehle übersetzt.
- In einer russischen Universität werden die Gehirnwellen von Probanden ausgewertet, um – ohne Kamera – auf einem Computer sichtbar zu machen, was die Testperson gerade

---

[8] https://rosdok.uni-rostock.de/file/rosdok_disshab_0000000407/rosdok_derivate_000000 4219/Dissertation_Malerczyk_2010.pdf

sieht. Zugegeben, die so erzeugten Bilder rauschen noch sehr. Aber auch das erste digitale Foto war noch sehr verpixelt, und die Technik hat sich dann rasant verbessert.

- Das australische Militär experimentiert zurzeit mit der Übertragung von Gedanken-Befehlen an vierbeinige Roboter. Dazu wird ein Sensor an der Rückseite des Kopfs eines Menschen direkt auf der Haut angebracht, um dort die Gehirnströme des visuellen Kortex zu erfassen. Der menschliche Proband trägt außerdem eine Augmented-Reality-Brille. Über die Brille wird sein Umfeld in sechs Quadrate unterteilt. Konzentriert er sich auf ein bestimmtes Quadrat, werden die Gehirnströme von dem Biosensor erfasst. Ein Decoder wandelt die Signale dann in Befehle für den Roboter um.

- Der Universität von Texas ist Anfang 2023 – auch dank des großen Sprachmodells von OpenAI, das zum Beispiel auch ChatGPT zugrunde liegt – ein weiterer Durchbruch gelungen. Es wurde ein personalisierter KI-basierter Decoder entwickelt, der die Gehirn-aktivität einer Person in einen kontinuierlichen Textstrom übersetzen kann. Der Decoder arbeitet auf der Bedeutungs-Ebene. Es wird also nicht der präzise Wortlaut eines Gedan-kens, sondern dessen wesentliche Bedeutung erfasst. Allerdings funktioniert dieser Deco-der für Gedankenaktivität zurzeit nur, während sich die Person in einem funktionellen Magnetresonanztomographen – abgekürzt fMRT – befindet.

3.6   Digitale Barrierefreiheit für kognitiv Beeinträchtigte

Wie viele Deutsche sind kognitiv beeinträchtigt?

Laut Statistischem Bundesamt leben in Deutschland rund 1,5 Mio. schwerbehinderte Men-schen mit geistigen oder seelischen Behinderungen und zerebralen Störungen (2014). Die Zahlen wurden vor 10 Jahren erhoben und enthalten noch keine Daten zu Long COVID-Erkrankten.

Zurzeit leiden etwa 2,5 Mio. Menschen in Deutschland zusätzlich an Long COVID. Zu den drei Hauptsymptomen zählen postvirale Fatigue (krankhafte Erschöpfung), Atemnot und neurokognitive Störungen (Konzentrations-, Wortfindungs- und Gedächtnisstörungen). Men-schen, die mit Long COVID leben, sind oft nicht mehr in der Lage, in gewohntem Umfang ihren Berufs- und Alltagstätigkeiten nachzugehen.

▶ Was sind kognitive Störungen?

Unter kognitiven Einschränkungen versteht man Einbußen der geistigen Leis-tungsfähigkeit. Diese machen sich in der Wahrnehmung, im Erkennen, im Erinnern, im Denken und im Urteilen bemerkbar.

Zu den häufigsten kognitiven Störungen zählen:

- Aufmerksamkeits- und Konzentrationsstörungen
- Gedächtnisstörungen – zum Beispiel durch ein eingeschränktes Erinnerungs-vermögen

- Störungen von Denkprozessen wie beispielsweise das Rechnen, das Abwägen und Beurteilen oder die Konzeptbildung

3.6.1 Welche Maßnahmen helfen Menschen mit kognitiven Einschränkungen?

Texte in einfache Sprache umzuwandeln, ist nicht nur für Menschen mit kognitiven Beeinträchtigungen wie Demenz oder Brain Fog essenziell. Auch für Menschen mit temporären Einschränkungen durch Migräne oder Müdigkeit ist die Verwendung einfacher Sprache eine große Erleichterung.

Darüber hinaus hilft es Nicht-Muttersprachlern und Menschen, die nicht richtig lesen und schreiben können, wenn die Bedienung einer Website eindeutig ist und zugleich eine einfache Sprache verwendet wird.

„Leichte Sprache" ist heute noch keine explizierte Forderung des BFSG, sondern nur für öffentliche Stellen.

3.6.2 Texte in einfache Sprache umwandeln

▶ **Text in einfache Sprache umwandeln** Um Texte in einfache Sprache umzuformulieren, lassen sich Chatbots nutzen, die zur Kategorie der generativen KI (GenAI) gehören. Die zugrunde liegenden großen Sprachmodelle können prognostizieren, welches Wort in einem Text als nächstes kommt.

Generative KI

Was Chatbot-Lösungen ausmacht – und weshalb auch viele Menschen sie gerne nutzten, ist, dass Anwender an die generative KI-Befehle in normaler Sprache geben können. So wird es für Nutzer dramatisch einfacher, mit einer Maschine zu kommunizieren – ohne Programmierkenntnisse.

Die bekanntesten Chatbots sind zurzeit ChatGPT oder Google Gemini. Sie nutzen als Sprachmodelle zum Beispiel GPT-4 von OpenAI oder PaLM2 von Meta. Große Unternehmen wie etwa Otto Group haben mit ogGPT einen eigenen angepassten Chatbot entwickelt, der GPT-4 nutzt. Es gibt aber auch erfolgversprechende europäische Alternative wie beispielsweise Luminous von AlephAlpha.

Noch einfacher wird der Einsatz von GenAI, wenn die Funktionalitäten direkt in Anwendungsprogrammen genutzt werden können. Bard wird beispielsweise in die Google-Dienste wie Docs, Drive, Gmail und Maps integriert werden. Und Microsoft stellt über den „Copilot" KI-Funktionalitäten direkt in den Anwendungsprogrammen Word, Excel, PowerPoint etc. zur Verfügung.

3.6.3   Inhalte mithilfe von generativer KI umformulieren

Um automatisiert Texte in einfache Sprache umzuformulieren, wird der Text in das Chatfenster kopiert und mit einer entsprechenden Aufgabenbeschreibung abgeschickt. Die Aufgabenbeschreibung, das Briefing oder der Befehl – im Englischen auch „prompt" genannt – ist für das Ergebnis entscheidend. Der Prompt sollte so definiert wie möglich und nur so lang wie nötig sein.

Prompt/Beispiel-Eingabe in ChatGPT

[Beispiel-Text] ### In Deutschland sind die Zugänglichkeitsrichtlinien für Web-Inhalte in der Barrierefreie-Informationstechnik-Verordnung (BITV) geregelt. International sind die WCAG (Web Content Accessibility Guidelines) als Standard der EU etabliert worden. Mit dem neuen European Accessibility Act werden auch im Privatsektor Unternehmen ab Juli 2025 ihre digitalen Auftritte zunehmend barrierefrei gestallten müssen. Somit nimmt das Thema „digitale Barrierefreiheit" für Unternehmen, die innerhalb der EU ihre Produkte und Dienstleistungen verkaufen, rasant an Wichtigkeit zu. ###

[Beispiel-Prompt] Bitte formuliere diesen Text in eine einfache Sprache um, die auch kognitiv Beeinträchtigte verstehen können.

[Beispiel-Ergebnis] In Deutschland gibt es Regeln, damit Websites für alle Menschen zugänglich sind, auch für Menschen mit Behinderungen. Das nennt sich BITV. Auf internationaler Ebene gibt es die WCAG, das sind Standards für barrierefreie Webinhalte. Ab Juli 2025 müssen auch private Unternehmen in der EU sicherstellen, dass ihre digitalen Angebote für Menschen mit Behinderungen zugänglich sind. Das ist wichtig, damit alle Menschen gleichermaßen davon profitieren können.◄

▶   **Tools direkt im CMS nutzen**
     Das deutsche Startup SUMM AI bietet zum Beispiel die Übersetzung in leichte Sprache auf dem Sprachniveau A1-A2 auf Knopfdruck an – nach den offiziellen Regeln des Netzwerks Leichte Sprache e. V. Das Tool bildet zusätzlich den gesamten Workflow ab, sodass man die Übersetzungshistorie und das Feedback einsehen kann.
     Die Funktionalitäten sind über Apps bereits in Office 365-Anwendungen verfügbar. Damit fallen das Kopieren und Einfügen als fehleranfällige Arbeitsschritte weg. Mit einer API – einer direkten

Schnittstelle – kann das Tool auch direkt in jedes Content Management System (CMS) integriert werden. Damit wird das Arbeiten noch stärker vereinfacht.

▶ **A Fool with a Tool is still a Fool**
Bei der Kommunikation zwischen Menschen liegt die Herausforderung darin, verständlich zu machen, was man benötigt oder was man von dem anderen möchte. Je besser oder je passender das Briefing bezogen auf die spezielle Person ist, desto besser das Ergebnis. Das ist bei Künstlichen Intelligenzen nicht anders.

Es ist nicht nur wichtig, dass wir lernen, mit KI-Tools richtig umzugehen, damit wir das gewünschte Ergebnis erzielen. Noch brauchen wir gute Kommunikations-Profis, die wissen, wann welche Kommunikation in welcher Situation für welche Stakeholder passend ist. Die ein richtiges Briefing formulieren können. Und darüber hinaus kompetent beurteilen, ob die Ergebnisse überhaupt einsetzbar sind.

3.6.4   Inhalte mithilfe von generativer KI erstellen

Um Texte gleich in einfacher Sprache zu verfassen, reichen als Input zur Textgenerierung häufig bereits eine Überschrift und ein Beispieltext mit einem entsprechenden Prompt.

3.6.5   Intuitive Benutzerführung

Je eindeutiger die Bedienung einer App, eines Onlineshops oder einer Website ist, desto intuitiver ist die Benutzerführung. Das bedeutet eine leichtere Nutzbarkeit für kognitiv Beeinträchtigte. Aber eine einfache Benutzerführung ist auch für nicht kognitiv Beeinträchtigte sinnvoll – im Sinne einer verbesserten Customer Experience. Die Zeit, in der man verkünstelte Benutzerführungen genutzt hat, um sich abzuheben, ist vorbei. Der Content ist sowohl für den Nutzer als auch aus SEO-Perspektive entscheidend.

▶   **Diese Punkte sind bei der Benutzerführung zu beachten**

- Weniger ist mehr! Die Gestaltung wird auf das Wesentliche reduziert. Das kommt der Übersichtlichkeit und auch der Tastaturbedienbarkeit zugute.
- App, Onlineshop oder Website eine Struktur geben, welche die Aufmerksamkeit des Nutzers führt. Wenige wichtige Informationen hervorheben und ergänzende Inhalte auf entsprechenden Unterseiten platzieren.
- Konventionen einhalten! Nutzer erwarten Logo und Navigation oben. Impressum, AGB oder auch die Adresse werden im Fußbereich erwartet.
- Kurze Sätze sind verständlicher. Das bedeutet auch, auf das Gendern zu verzichten. Lange Absätze durch aussagekräftige Zwischenüberschriften unterbrechen.

Darüber hinaus hilft es Menschen mit kognitiven Einschränkungen, wenn in Videos keine zu schnellen Wechsel von Einstellungen oder von Sprechern in der Audiospur erfolgen. Audio und Video inklusive Untertiteln können zudem verlangsamt abgespielt werden. Auf flackernde Animationen sollte verzichtet werden.

3.6.6   Summary: Das hilft bei kognitiven Einschränkungen

Bei kognitiven Beeinträchtigungen lassen sich prinzipiell alle Content-Formate zur Vermittlung von Inhalten einsetzen. Allerdings müssen Texte, Bilder und Grafiken leicht verständlich sein. Audio und Video sollten auch verlangsamt abspielbar sein. Es ist gut, wenn Design und Navigation auf das Wesentliche reduziert sind.

3.7   Testen

Für das Testen von digitaler Barrierefreiheit gibt es unterschiedliche Verfahren und auch Prüfinstitute. Da es noch keinen dedizierten BFSG-Test gibt, ist es sinnvoll, die bestehenden Prüfverfahren für Barrierefreiheit wie zum Beispiel den BITV-Test und WCAG-Test heranzuziehen.[9]

---

[9] https://bitvtest.de/bitv_test/das_testverfahren_im_detail/verfahren.html

Unterschiedliche Testverfahren

Es stehen unterschiedliche Testverfahren zur Auswahl:

- Manuelle Testings
- Usability & UX Testing
- User Testing
- Automatisierte Testings

Was Sie aus diesem *essential* mitnehmen können

- Klarheit: ob und wie Sie – beziehungsweise Ihre Kunden – vom BFSG betroffen sind und was Sie bis wann tun müssen.
- Verständnis: welche situativen, temporären und dauerhaften Einschränkungen es gibt und warum 50 Mio. Menschen in Deutschland von mehr digitaler Barrierefreiheit profitieren.
- Bewusstsein: warum Barrierefreiheitsanforderungen und -technologien die Märkte in Europa verändern werden.
- Purpose: wieso Digitale Teilhabe zu ermöglichen gleichzeitig bedeuten kann, sich Wettbewerbsvorteile zu sichern.

Fazit: Barrierefreiheits-Technologien verändern Märkte

Zugegeben, die Umsetzung des Barrierefreiheitsstärkungsgesetzes ist eine Herausforderung. Und diese Herausforderung hat sogar das Potenzial, Marktanteile in Deutschland und in der EU neu zu verteilen.

Die gute Nachricht ist, dass digitale Barrierefreiheit insgesamt zu einer dauerhaften Vergrößerung des Marktvolumens führen wird, weil mehr Menschen zum Markt gehören.

Eine weitere gute Nachricht: Es gibt bereits die Technologien, um mehr Menschen mit Beeinträchtigungen die digitale Teilhabe zu ermöglichen.

Darüber hinaus ist es positiv zu bewerten, dass Unternehmen gezwungen sind, sich zu positionieren und weiterzuentwickeln. Zudem wird die affirmative Haltung eines Unternehmens zu Menschenrechten und Nachhaltigkeit es auch als Arbeitgeber für Fachkräfte attraktiver machen.

Digitale Teilhabe ermöglichen heißt Wettbewerbsvorteile sichern
Unternehmen können – unterstützt durch Künstliche Intelligenz – Menschen mit Behinderungen ein selbstbestimmteres Leben ermöglichen. Digitale Barrierefreiheit hat aber ebenso eine wirtschaftliche Dimension. Denn Unternehmen stärken durch eine verbesserte User Experience gleichzeitig ihre Wettbewerbsfähigkeit in breiteren Kundenschichten und steigern so ihre Umsätze.

Die Frage, ob Ihre Unternehmung rein rechtlich unter das BFSG fällt, ist deshalb gar nicht allein entscheidend. Die vielleicht relevantere Frage lautet, ob Sie es sich in Zukunft leisten können und wollen, auf die wichtige Zielgruppe der Menschen mit einer dauerhaften, temporären oder auch nur situationsbedingten Beeinträchtigung als Kunden zu verzichten. Fest steht: Die Technologie, um digitale Barrierefreiheit zu realisieren, existiert bereits.

© Der/die Herausgeber bzw. der/die Autor(en), exklusiv lizenziert an Springer Fachmedien Wiesbaden GmbH, ein Teil von Springer Nature 2024
G. Horcher, *Barrierefrei kommunizieren für Unternehmen*, essentials,
https://doi.org/10.1007/978-3-658-44230-9

57

Printed in the United States
by Baker & Taylor Publisher Services